ドラえもん　5分でドラ語り

故事成語ひみつ話

藤子・F・不二雄／原作
藤子プロ／キャラクター監修
深谷圭助／監修

★小学館ジュニア文庫★

ドラえもん

おもな登場人物《とうじょうじんぶつ》

ドラえもん

のび太《た》の未来《みらい》を変《か》えるため二十二世紀《にじゅうにせいき》からやってきた、ネコ型《がた》ロボット。ドラやきが大好《だいす》きで、ネズミが苦手《にがて》。

のび太《た》

野比《のび》のび太《た》。勉強《べんきょう》と運動《うんどう》は苦手《にがて》だけど、心《こころ》やさしい少年《しょうねん》。あやとりが得意《とくい》。

パパ

ママ

のび太《た》の両親《りょうしん》。

しずか

源《みなもと》 静《しず》香《か》。のび太《た》があこがれているクラスメイト。おふろが大《だい》好《す》き。

ジャイアン

剛《ごう》田《だ》武《たけし》。のび太《た》のクラスのガキ大《だい》将《しょう》。歌《うた》を歌《うた》うのが大《だい》好《す》きだけど、とても下《へ》手《た》。

スネ夫《お》

骨川《ほねかわ》スネ夫《お》。のび太《た》のクラスメイト。家《いえ》がお金《かね》持《も》ち。

もくじ

◎言葉《ことば》の成《な》り立《た》ちに、いろいろな説《せつ》がある場合《ばあい》は、そのなかの一《ひと》つを取《と》り上《あ》げています。

昔《むかし》から伝《つた》えられている出来事《できごと》を「故事《こじ》」と言《い》う。故事《こじ》がもとになってできた言葉《ことば》が「故事成語《こじせいご》」だ。

特《とく》に中国《ちゅうごく》の故事《こじ》から生《う》まれた言葉《ことば》を表《あらわ》すことが多《おお》いけど、この本《ほん》では、西洋《せいよう》や日本《にほん》の故事《こじ》から生《う》まれた言葉《ことば》も「故事成語《こじせいご》」として紹介《しょうかい》するよ。

故事成語博士《こじせいごはかせ》

おまけ

故事成語《こじせいご》クイズ①

「地位《ちい》が高《たか》くてまわりの人《ひと》が何《なに》も言《い》えないので、自分《じぶん》の困《こま》った行動《どう》に気《き》がつかない人《ひと》」のことを表《あらわ》す言葉《ことば》があるんだ。

ある童話《どうわ》のタイトルからきた言葉《ことば》だけど、その童話《どうわ》は、なにかな？

❶雪《ゆき》の女王《じょおう》
❷幸福《こうふく》な王子《おうじ》
❸はだかの王様《おうさま》

答《こた》えは68ページにあるよ！

第《だい》一章《しょう》 西洋《せいよう》の故事成語《こじせいご》

さいは投《な》げられた

パンドラのお化《ば》け

フラ～
だいぶしぼられたね。
まいった、まいった。もう二度《ど》としかられないよう、まじめに勉強《べんきょう》しよう。
と、かたく心《こころ》にちかったのであった。
そのかたい決心《けっしん》が、三時間《じかん》もつづけばいいんだが……。

……………………。
どうも頭《あたま》が働《はたら》かない。
こんな時《とき》は、気分《きぶん》をかえると、
のうりつが上《あ》がるんだ。
まんがよもう、ほんのちょっと。
グ…。
三分《ぶん》三十秒《びょう》しかつづかなかった。
ああ、ぼくは、ダメなやつだ。
どうしてぼくは、意志《いし》が弱《よわ》いんだろ。なさけないなあ。
強《つよ》くする道具《どうぐ》はないものかね。
ないこともない。
「パンドラボックス」
強《つよ》い意志《いし》の力《ちから》を育《そだ》てる道具《どうぐ》だよ。

横《よこ》のボタンをおしてみな。
これ？
ボタンをおした人《ひと》は、これから二十四時間《じかん》、ぜったいこの箱《はこ》をあけちゃいけない。
なぜ？
こわあいお化《ば》けがとびだして、きみにとりつくのだ！
でも、あけなきゃいいんだろ。
それが、そうかんたんには…。
箱《はこ》のやつ、あの手《て》この手《て》できみにあけさせようとする。
二十四時間《じかん》、あけずにすますには、強《つよ》い強《つよ》い意志《いし》の力《ちから》が必要《ひつよう》なんだ。
がんばってみな。
むりだと思《おも》うけど。
ばかにして！
だれがあけるものか。

それにしても…、
きれいな箱《はこ》だなあ。
どんなお化《ば》けが入《はい》ってるんだろ。
カタ…
あぶない!!
もう少《すこ》しであけるとこだった。
まんがでもよもう。
バサ
つかまえた!
ドタ
なにか入《い》れもの!
箱《はこ》!!
箱《はこ》!!
バタ
その手《て》にのるか。

グウ……。
ゴロ…
ゴロ、
ゴロ…
ハッ
ゆだんのならないやつだなあ。
しまっとこう。
のび太《た》さん。
あたしにくれるって、約束《やくそく》の切手《きって》は?
忘《わす》れてた!!

どこへしまったかなあ。
ここでもない。
この中《なか》でもない。
ここ…。
悪《わる》いけど、あしたにして。
おっそろしい箱《はこ》だなあ。
何重《なんじゅう》にもくるんで、
しばって、
ギュ
どこかへかくしとこう。

ゴソ
ゴソ
今《いま》かくしたのなに？
ママに見《み》せられないもの？
さては、テストの0点《てん》の答案《とうあん》でしょう!!
あけなさい。
いや、あけるとこわあいお化《ば》けが…。
あけなさい!!
ママよりましだ。

パンドラの箱《はこ》

開《あ》けたら何《なに》かが起《お》こる……! こわ～い箱《はこ》の中《なか》身《み》は?

『ギリシャ神話《しんわ》』って知《し》ってるかな? 大昔《おおむかし》のギリシャの国《くに》から伝《つた》わってきたもので、たくさんの神様《かみさま》たちが登場《とうじょう》する、世界中《せかいじゅう》で知《し》られている物語《ものがたり》なんだ。

神様《かみさま》たちのなかでも、もっともえらい神《かみ》がゼウス。神様《かみさま》の王様《おうさま》みたいなものだね。

ゼウスは、人間《にんげん》たちが「火《ひ》」を持《も》つことができないようにしていた。火《ひ》は、神様《かみさま》だけのもので、人間《にんげん》が火《ひ》を使《つか》うようになると、神様《かみさま》の手《て》に負《お》えなくなるかもしれないからだ。

でも、火《ひ》がないと、寒《さむ》いし、けものを追《お》い払《はら》うこともできない。困《こま》った人間《にんげん》を見《み》て、プロメテウスという巨人《きょじん》の神様《かみさま》が、神《かみ》の世界《せかい》からこっそり火《ひ》を盗《ぬす》み、人間《にんげん》に与《あた》えたんだ。

これに怒《おこ》ったゼウスは、プロメテウスをごうもんにかけ、さらに、人間《にんげん》を困《こま》らせようと、美《うつく》しい人間《にんげん》の女性《じょせい》を神《かみ》につくらせた。それまで、人間《にんげん》は男性《だんせい》しかいなかったんだ。

その女性《じょせい》がパンドラだ。パンドラは、ギリシャ神話《しんわ》では、人類最初《じんるいさいしょ》の女性《じょせい》なんだよ。ゼウスは、パンドラに一《ひと》つの箱《はこ》を持《も》たせて、プロメテウスの弟《おとうと》エピメテウスと結婚《けっこん》させた。そして、パンドラにこう言《い》ったんだ。

「この箱《はこ》の中《なか》には大切《たいせつ》なものが入《はい》っている。何《なに》があっても、絶対《ぜったい》にこの箱《はこ》を開《あ》けてはいけないよ」

これが**「パンドラの箱《はこ》」**だ。

まんがのなかに出《で》てきたひみつ道具《どうぐ》「パンドラボックス」は、お化《ば》けが出《で》るから絶対《ぜったい》に開《あ》けてはいけないと言《い》われていたね。このパンドラボックスは、「パンドラの箱《はこ》」をモデルにしているんだよ。

でも、パンドラは好奇心《こうきしん》に負《ま》けて、その箱《はこ》のふたを開《あ》けてしまうんだ。

すると、箱《はこ》の中《なか》から飛《と》び出《だ》したのは……。

病気《びょうき》、悲《かな》しみ、ねたみ、憎《にく》しみ、争《あらそ》い、貧《まず》しさ……。箱《はこ》の中《なか》にはあらゆる災《わざわ》いが閉《と》じこめられていた。それが箱《はこ》から出《で》て、世界中《せかいじゅう》にばらまかれてしまったんだ。

パンドラはあわててふたを閉《と》じたけど、もう遅《おそ》い。

「ああ、なんということをしてしまったのかしら……」

なげくパンドラの耳《みみ》に、箱《はこ》の中《なか》から声《こえ》がとどいた。

「まだ私《わたし》が残《のこ》っています」

「あなたはだあれ？」

「私《わたし》は、希望《きぼう》です」

災《わざわ》いの最後《さいご》に、希望《きぼう》が隠《かく》れていたんだね。

今《いま》、「パンドラの箱《はこ》」という言葉《ことば》は、絶対《ぜったい》にふれてはいけないもの、手《て》を出《だ》してはいけないもの、という、とてもあぶないもののたとえとされているよ。

重大《じゅうだい》な秘密《ひみつ》を知《し》ったときや、やってはいけないようなたいへんなことをしてしまったときなどに、「パンドラの箱《はこ》を開《あ》けてしまった」というように使《つか》われるんだ。

でも、『ギリシャ神話《しんわ》』の「パンドラの箱《はこ》」は、救《すく》いのある、美《うつく》しいお話《はなし》だよね。ひどい災《わざわ》いがあっても希望《きぼう》を忘《わす》れてはいけないということを、教《おし》えてくれるんだ。

ところで、この物語《ものがたり》から、もう一《ひと》つ、よく使《つか》われる言葉《ことば》が生《う》まれている。**「プロメテウスの火《ひ》」**という言葉《ことば》だ。

プロメテウスは人間《にんげん》に、天《てん》から盗《ぬす》んだ「火《ひ》」を与《あた》えたね。それは人間《にんげん》のことを思《おも》ってのことだったけど、火《ひ》は、人間《にんげん》に文明《ぶんめい》をもたらし、文明《ぶんめい》は武器《ぶき》を生《う》みだして争《あらそ》いも起《お》こした。必《かなら》ずしもいいことばかりではなかったんだ。

そこから、「プロメテウスの火《ひ》」とは、強大《きょうだい》で危険《きけん》な科学《かがく》技術《ぎじゅつ》という意味《いみ》で使《つか》われるようになった。今《いま》では、原子力《げんしりょく》が「プロメテウスの火《ひ》」にたとえられることが多《おお》いよ。

人間《にんげん》に火《ひ》を与《あた》えたプロメテウスは、複雑《ふくざつ》な思《おも》いで見《み》ているかもしれないね。

パンドラの箱《はこ》

ゼウスがパンドラに持《も》たせた、災《わざわ》いの詰《つ》まった箱《はこ》。転《てん》じて、触《ふ》れてはいけないもののたとえ。

飛《と》び出《だ》したのは？

アキレス腱《けん》

ギリシャの英雄《えいゆう》の泣《な》きどころは、赤《あか》ちゃんのときにできた…！

「アキレス腱《けん》」は、人間《にんげん》の体《からだ》の一部分《いちぶぶん》の名前《なまえ》。かかとの少《すこ》し上《うえ》、足首《あしくび》の後《うし》ろのところに、太《ふと》い筋《すじ》があるよね。その筋《すじ》が、アキレス腱《けん》なんだ。

歩《ある》いたり走《はし》ったり跳《と》んだりするのに、とても大切《たいせつ》な部分《ぶぶん》だよ。

この「アキレス腱《けん》」も、「パンドラの箱《はこ》」と同《おな》じように『ギリシャ神話《しんわ》』の物語《ものがたり》から生《う》まれた言葉《ことば》なんだ。

「アキレス」というのは、ギリシャ神話《しんわ》に出《で》てくる英雄《えいゆう》の名前《なまえ》だ。ギリシャ神話《しんわ》には、神様《かみさま》だけでなく、人間《にんげん》の英雄《えいゆう》たちもたくさん登場《とうじょう》するんだよ。

アキレスの母《はは》は、海《うみ》の女神《めがみ》テティス。父《ちち》はギリシャの小《ちい》さな国《くに》の王《おう》ペレウスで、アキレスは、神様《かみさま》と人間《にんげん》の間《あいだ》に生《う》まれた子《こ》どもなんだ。

アキレスが生《う》まれたとき、母《はは》のテティスはこの子《こ》を不死身《ふじみ》にしたいと思《おも》って、冥界《めいかい》（死《し》後《ご》の世界《せかい》）を流《なが》れる川《かわ》に、赤《あか》ちゃんのアキレスをひたした。でも、テティスがアキレスのかかとをつかんでいたために、そこだけ川《かわ》の水《みず》がかからなくて、かかとだけは不死身《ふじみ》にならなかったんだ。

成長《せいちょう》したアキレスは、トロイア戦争《せんそう》という戦《たたか》いに参加《さんか》して、一人《ひとり》でたくさんの敵《てき》をたおしていった。

母《はは》のおかげで、神《かみ》の力《ちから》を持《も》つ不死身《ふじみ》の体《からだ》になったのだから、強《つよ》いのもあたりまえだ。アキレスには、人間界《にんげんかい》の剣《けん》や矢《や》は通用《つうよう》しないんだ。

それなのに、アキレスは戦死《せんし》してしまう。敵軍《てきぐん》の王子《おうじ》、パリスに、弱点《じゃくてん》のかかとを毒矢《どくや》で射抜《いぬ》かれたんだ。

パリスは、アポロンという神様《かみさま》に導《みちび》かれて、アキレスの弱点《じゃくてん》であるかかとを射抜《いぬ》くことができたと言《い》われるよ。

この話《はなし》から、アキレスが矢《や》で射抜《いぬ》かれた、かかとからふくらはぎにある筋《すじ》に「アキレス腱《けん》」という名前《なまえ》がついたんだ。そしてまた、「アキレス腱《けん》」とは、いちばんの弱点《じゃくてん》のことを表《あらわ》す言葉《ことば》にもなったんだよ。

この「アキレス腱《けん》」のように、強《つよ》い者《もの》の弱点《じゃくてん》を表《あらわ》す言葉《ことば》は、世界《せかい》にいろいろあるんだ。日本《にほん》では、**「弁慶《べんけい》の泣《な》き所《どころ》」**という言葉《ことば》があって、これは、向《む》こうずねのこと。そこをけられると、弁慶《べんけい》のようなとても強《つよ》い者《もの》でも痛《いた》くて泣《な》いてしまう、という意味《いみ》だ。弁慶《べんけい》というのは、源義経《みなもとのよしつね》という武将《ぶしょう》の家来《けらい》として、いろいろな物語《ものがたり》に登場《とうじょう》するお坊《ぼう》さんだよ。強《つよ》いことで有名《ゆうめい》なんだ。

西洋《せいよう》では、**「サムソンの髪《かみ》」**というのがある。これは、『旧約聖書《きゅうやくせいしょ》』に出《で》てくるお話《はなし》(『旧約聖書《きゅうやくせいしょ》』については、52ページを見《み》てね)。

イスラエルに、サムソンというとても怪力《かいりき》で強《つよ》い指導者《しどうしゃ》がいた。サムソンは生《う》まれてからずっと髪《かみ》の毛《け》を切《き》ったことがなくて、強《つよ》さの秘密《ひみつ》は、その長《なが》い髪《かみ》の毛《け》にあった。

イスラエルと対立《たいりつ》していたペリシテ人《じん》は、サムソンにやられっぱなしだ。そこでペリシテ人《じん》たちは、サムソンの恋人《こいびと》デリラを利用《りよう》して、サムソンの弱点《じゃくてん》を探《さぐ》ろうとし、サムソンはデリラに、自分《じぶん》の髪《かみ》を切《き》ってはいけないことを教《おし》えてしまったんだ。

ペリシテ人《じん》に秘密《ひみつ》を知《し》られ、髪《かみ》を切《き》られてしまったサムソンは、力《ちから》を失《うしな》った。そして、つかまって目《め》をくりぬかれ、神殿《しんでん》の柱《はしら》にくくりつけられて見《み》せ物《もの》にされてしまった。でも時間《じかん》がたち、髪《かみ》の毛《け》が伸《の》びると、サムソンはその怪力《かいりき》を取《と》りもどした。そして、くくりつけられたまま神殿《しんでん》の柱《はしら》を引《ひ》き抜《ぬ》いたんだ。神殿《しんでん》はくずれ落《お》ちた。サムソンは大勢《おおぜい》のペリシテ人《じん》を道連《みちづ》れにして、神殿《しんでん》に押《お》しつぶされて、死《し》んでしまったんだ——。

どんなに強《つよ》い者《もの》にも、弱点《じゃくてん》はあるんだね。完璧《かんぺき》な人《ひと》なんていないのかもしれないね。

アキレス腱《けん》
いちばんの弱点《じゃくてん》。

ドラえもんの弱点《じゃくてん》

ドラえもんのアキレス腱《けん》と言《い》えばズバリ……、
ネズミ!!
…って言《い》っただけで、
気絶《きぜつ》しちゃったか……。

トロイの木馬《もくば》

トロイア戦争《せんそう》で勝利《しょうり》をもたらした、マル秘作《ひさく》戦《せん》、大成功《だいせいこう》！

前《まえ》の項目《こうもく》のアキレスが戦死《せんし》したトロイア戦争《せんそう》は、昔《むかし》のギリシャとトロイアという国《くに》の間《あいだ》で起《お》こった戦争《せんそう》だ。『ギリシャ神話《しんわ》』に出《で》てくる物語《ものがたり》だけど、トロイア戦争《せんそう》のような戦《たたか》いは本当《ほんとう》にあったと言《い》われているよ。トロイアという国《くに》も実際《じっさい》にあったようだ。

そんなトロイア戦争《せんそう》で行《おこな》われた作戦《さくせん》が、「**トロイの木馬《もくば》**」。

アキレスの死後《しご》、ギリシャはトロイアを攻《せ》めたけど、トロイアの城《しろ》は守《まも》りが堅《かた》くて、なかなか攻《せ》めきれない。そこで、ギリシャのオデュッセウスという将軍《しょうぐん》は考《かんが》えた。

「大《おお》きな木馬《もくば》を作《つく》って、その中《なか》に隠《かく》れ、城《しろ》に入《はい》ろう」

ギリシャ兵《へい》たちは、中《なか》が空洞《くうどう》になった巨大《きょだい》な木馬《もくば》を作《つく》って、その中《なか》に、ギリシャの兵士《へいし》たちがひそんだ。そして、シノンという男《おとこ》だけをそこに残《のこ》して、残《のこ》りのギリシャ兵《へい》は近《ちか》く

の島《しま》に引《ひ》き上《あ》げたんだ。

トロイア兵《へい》はシノンを捕虜《ほりょ》にして、木馬《もくば》についての話《はなし》を聞《き》いた。

「ギリシャ兵《へい》はみんな逃《に》げた。この木馬《もくば》は、ギリシャ人《じん》が神《かみ》にささげるために作《つく》ったものだ。でも、木馬《もくば》がトロイアの城《しろ》に入《はい》るとトロイアの城《しろ》は落《お》ちないと予言《よげん》されている。だから、こんなに大《おお》きくして、城《しろ》に入《はい》れないようにしたのだ」

と、シノンは裏切《うらぎ》り者《もの》のふりをしてうそをつき、トロイア兵《へい》をだましたんだ。

これを聞《き》いたトロイア兵《へい》は、城門《じょうもん》をこわして木馬《もくば》を城内《じょうない》に入《い》れ、勝利《しょうり》を祝《いわ》う宴会《えんかい》を始《はじ》めた。そして、お酒《さけ》を飲《の》んでごちそうを食《た》べ、安心《あんしん》して寝《ね》てしまった。

そして夜中《よなか》――。城《しろ》の中《なか》で木馬《もくば》から飛《と》び出《だ》したオデュッセウスたちは、近《ちか》くの島《しま》にいたギリシャ兵《へい》に合図《あいず》を送《おく》り、彼《かれ》らを城《しろ》に引《ひ》き入《い》れた。そうして、油断《ゆだん》して寝《ね》ていたトロイア兵《へい》におそいかかり、一気《いっき》に城《しろ》を攻《せ》め落《お》としたんだ。

こうして、トロイアはほろび、ギリシャの勝利《しょうり》でトロイア戦争《せんそう》は終《お》わった。

この話《はなし》から「トロイの木馬《もくば》」とは、正体《しょうたい》をいつわってもぐりこみ、相手《あいて》をおとしいれるもの、という意味《いみ》を表《あらわ》すようになったんだ。最近《さいきん》では、コンピュータウイルスのような危《き》険《けん》なプログラムソフトが「トロイの木馬《もくば》」と呼《よ》ばれているんだよ。

ところで、このトロイア戦争《せんそう》を終《お》わらせたのは「トロイの木馬《もくば》」だったけど、始《はじ》まった理由《りゆう》からも言葉《ことば》が生《う》まれている。**「黄金《おうごん》のリンゴ」**というものだ。

きっかけは、前《まえ》の項目《こうもく》に出《で》てきた、アキレスの両親《りょうしん》の結婚式《けっこんしき》だった。

アキレスの両親《りょうしん》の結婚式《けっこんしき》には、たくさんの神《かみ》が招待《しょうたい》されたけど、争《あらそ》いの女神《めがみ》エリスだけは招待《しょうたい》されなかった。それをねたんだエリスは、式場《しきじょう》に、金色《きんいろ》のリンゴを投《な》げ入《い》れた。

そのリンゴには、「最《もっと》も美《うつく》しい女神《めがみ》へ」と書《か》かれており、三人《さんにん》の女神《めがみ》がそのリンゴをほしがった。困《こま》ったゼウス（神様《かみさま》の王《おう》）は、パリスというイケメンの若者《わかもの》に、だれがそのリンゴをもらうのにふさわしい美女《びじょ》かを決《き》めさせることにしたんだ。

これを**「パリスの審判《しんぱん》」**と言《い》うよ。パリスは、トロイア戦争《せんそう》でアキレスを殺《ころ》した人物《じんぶつ》だ。

三人《さんにん》の女神《めがみ》はパリスに、それぞれ交換条件《こうかんじょうけん》を示《しめ》して、自分《じぶん》を選《えら》ばせようとした。

ヘラは「アジアの王様《おうさま》にしてあげよう」と言《い》い、アテナは「戦《たたか》いで必《かなら》ず勝《か》たせよう」と言《い》い、アフロディテは「この世《よ》でいちばんの美女《びじょ》をあげよう」と言《い》った。

すると、パリスは、アフロディテを選《えら》んで、リンゴを渡《わた》したんだ。

この世《よ》でいちばんの美女《びじょ》とは、ギリシャのスパルタという国《くに》の王妃《おうひ》である、ヘレネという女性《じょせい》。パリスは、スパルタからヘレネをさらって、トロイアに連《つ》れて来《き》たんだ。スパルタ王《おう》たちは、ヘレネをうばい返《かえ》すため、トロイアを攻《せ》めた。これがトロイア戦争《せんそう》の始《はじ》まりだ。女性《じょせい》をめぐる戦《たたか》いが、十年《じゅうねん》も続《つづ》く大戦争《だいせんそう》になったんだよ。

ここから、「黄金《おうごん》のリンゴ」というのは、争《あらそ》いのもと、争《あらそ》いの種《たね》、というような意味《いみ》を表《あらわ》す言葉《ことば》になったんだ。神様《かみさま》たちも、罪《つみ》なことをするものだね。

トロイの木馬《もくば》

正体《しょうたい》をいつわってもぐりこみ、中《なか》から破壊《はかい》を行《おこな》うもののたとえ。

一見《いっけん》ふつうのマイク。でも!?

この特製《とくせい》マイクを使《つか》って、リサイタルがんばって!
おうっ、はりきって大声《おおごえ》で歌《うた》うぜ!
あの「アベコベマイク」で歌《うた》うと、大声《おおごえ》は小《ちい》さく聞《き》こえるんだ。
「トロイの木馬《もくば》」ならぬ「トロイのマイク」だね。

猫《ねこ》の首《くび》に鈴《すず》をつける

イソップ物語《ものがたり》から生《う》まれた言葉《ことば》、見《み》てみよう

『イソップ物語《ものがたり》』を読《よ》んだこと、あるかな。

「イソップ」というのは作者《さくしゃ》の名前《なまえ》。紀元前六世紀《きげんぜんろくせいき》（西暦一年《せいれきいちねん》より六〇〇〜五〇一年前《ねんまえ》）ごろという大昔《おおむかし》の人《ひと》だ。イソップは、人《ひと》や動物《どうぶつ》や物《もの》などを主人公《しゅじんこう》にした短《みじか》いお話《はなし》をたくさん作《つく》った。読《よ》んだことがないという人《ひと》も、こんなお話《はなし》なら知《し》っているんじゃないかな。

たとえば、『アリとキリギリス』の話《はなし》。夏《なつ》の間《あいだ》、ずっと働《はたら》いて食《た》べ物《もの》を集《あつ》めていたアリと、それをバカにして遊《あそ》んでばかりのキリギリス。冬《ふゆ》になり、食《た》べ物《もの》がなくて困《こま》ったキリギリスは、バカにしていたアリに助《たす》けてもらうんだよ。

また、『北風《きたかぜ》と太陽《たいよう》』の話《はなし》。どちらが旅人《たびびと》の服《ふく》をぬがせるか競争《きょうそう》をする。北風《きたかぜ》は強《つよ》い風《かぜ》で服《ふく》を飛《と》ばそうとするけど、旅人《たびびと》はしっかりと服《ふく》をつかむ。一方《いっぽう》で太陽《たいよう》は、やさしく照《て》り

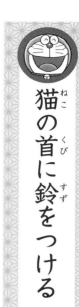

つける。すると旅人《たびびと》は、暖《あたた》かくなって自分《じぶん》から服《ふく》をぬいだんだ。やさしい太陽《たいよう》の勝《か》ちだね。

そんなイソップ物語《ものがたり》のなかから生《う》まれた言葉《ことば》はいくつかあるけど、その一《ひと》つ、**「猫《ねこ》の首《くび》に鈴《すず》をつける」**という言葉《ことば》は、日常生活《にちじょうせいかつ》のなかでもよく使《つか》われているよ。

これは、『ネズミの相談《そうだん》』というお話《はなし》から生《う》まれた言葉《ことば》だ。

ある家《いえ》に、ネズミたちが暮《く》らしていた。その家《いえ》には、一《いっ》ぴきのネコがいた。

みんなも知《し》ってるように、ネコはネズミをつかまえるよね。だから、ネズミたちは、いつもネコに見《み》つからないようにビクビクして、あまり巣《す》から出《で》ることができない。

そこで、ネズミたちは会議《かいぎ》を開《ひら》いた。

「このままじゃ、エサを見《み》つけることもできない。なんとか、ネコに会《あ》わないようにできないだろうか。いい方法《ほうほう》はないかな」

すると、一《いっ》ぴきのネズミがこう言《い》った。

「ネコの首《くび》に鈴《すず》をつければいいんじゃないかな。そうすれば、鈴《すず》の音《おと》がしてネコが近《ちか》づくのがわかるよ。鈴《すず》の音《おと》が聞《き》こえてきたら、逃《に》げればいいんだよ」

「それはいい考《かんが》えだ！」

ネズミたちはみんな賛成《さんせい》した。

そのとき、年寄《としよ》りのネズミが言《い》った。

「とてもいい考《かんが》えだけど、いったいだれが、ネコの首《くび》に鈴《すず》をつけに行《い》くんだい？」

結局《けっきょく》、ネコに鈴《すず》をつけるネズミはいなかったんだよ。

この話《はなし》から、「猫《ねこ》の首《くび》に鈴《すず》をつける」というのは、いい考《かんが》えでも実際《じっさい》には絶対《ぜったい》にできないようなむずかしいこと、を表《あらわ》す言葉《ことば》になったんだ。また、えらい人《ひと》やこわい人《ひと》に注意《ちゅうい》をしてだまらせることを、「○○の首《くび》に鈴《すず》をつける」なんていう言《い》い方《かた》もよくされるよ。

では、もう一《ひと》つ、イソップ物語《ものがたり》から生《う》まれた言葉《ことば》を紹介《しょうかい》しよう。『キツネとブドウ』というお話《はなし》から生《う》まれたものだよ。

あるとき、キツネが歩《ある》いていると、木《き》の枝《えだ》にとてもおいしそうなブドウがなっているのを見《み》つけた。キツネはブドウが食《た》べたいけど、高《たか》い所《ところ》にあるので、取《と》ることができない。

何度《なんど》もジャンプしてみたけど、どうやってもとどかないんだ。

何度《なんど》も跳《と》んで、キツネはすっかりつかれてしまった。すると、

「ふん、あんなブドウ、どうせ、すっぱくておいしくないに決《き》まってるさ」

そんな捨《す》てゼリフを残《のこ》して、キツネは立《た》ち去《さ》って行《い》ったとさ。

この話《はなし》から、**「すっぱいブドウ」**という言葉《ことば》が生《う》まれたんだ。これは、負《ま》け惜《お》しみという意味《いみ》で使《つか》われることが多《おお》いよ。

きみたちも、何《なに》かうまくいかないことがあったとき、このキツネのように、自分《じぶん》で納得《なっとく》できるような言《い》いわけをすることがあるでしょ。その気持《きも》ちが「すっぱいブドウ」なんだ。

でも、人《ひと》はそうやって心《こころ》を落《お》ち着《つ》かせているのかもね。

猫《ねこ》の首《くび》に鈴《すず》をつける

いざ実行《じっこう》となると、困難《こんなん》でだれも引《ひ》き受《う》けないことのたとえ。

わかってない
タケシくんがまたリサイタルをやるって言《い》ってたよ。
だれかジャイアンの首《くび》に鈴《すず》をつけて来《こ》いよ。
えーっ!?
お～、リサイタルにぴったりのアクセサリーだぜ。
つけて来《き》たよ。
ホントにやるヤツがあるか!!

狼少年《おおかみしょうねん》

うそつきは損《そん》をする、有名《ゆうめい》な話《はなし》

前《まえ》の項目《こうもく》に出《で》てきた『イソップ物語《ものがたり》』から、よく使《つか》われる言葉《ことば》をもう一《ひと》つ紹介《しょうかい》しよう。

「狼少年《おおかみしょうねん》」という言葉《ことば》がある。狼《おおかみ》に育《そだ》てられた少年《しょうねん》、という意味《いみ》もあるけど、それとは別《べつ》で、私《わたし》たちの身近《みぢか》にいる「狼少年《おおかみしょうねん》」のことだよ。

『羊飼《ひつじか》いと狼《おおかみ》』というお話《はなし》から生《う》まれた言葉《ことば》なんだ。

あるところに、羊飼《ひつじか》いの少年《しょうねん》がいた。羊飼《ひつじか》いというのは、牧場《ぼくじょう》で、放《はな》し飼《が》いにした羊《ひつじ》の世話《せわ》をする人《ひと》のことだよ。

少年《しょうねん》は、毎日羊《まいにちひつじ》の世話《せわ》ばかりして、たいくつしていた。そこで、いたずらを思《おも》いついたんだ。少年《しょうねん》は、大声《おおごえ》でさけんだ。

「狼《おおかみ》だ！　狼《おおかみ》が来《き》たぞー！」

狼《おおかみ》が来《き》たら、羊《ひつじ》がおそわれてしまうから、たいへんだ！

声《こえ》を聞《き》きつけた村人《むらびと》たちは、クワやカマなどを持《も》って、あわててかけつけてきた。

でも、狼《おおかみ》なんてどこにもいない。そして、そこには、あわてる村人《むらびと》たちを見《み》て、大笑《おおわら》いしている少年《しょうねん》がいたんだ。

数日後《すうじつご》、また、少年《しょうねん》がさけんだ。

「狼《おおかみ》だ！　狼《おおかみ》が来《き》たぞ！」

村人《むらびと》たちがまたかけつけたけど、やはり狼《おおかみ》はいなくて、少年《しょうねん》はまたもや大笑《おおわら》い。

それから数日《すうじつ》たったとき、今度《こんど》は本当《ほんとう》に、牧場《ぼくじょう》に狼《おおかみ》が現《あらわ》れた。そして、羊《ひつじ》の群《む》れをおそいはじめたんだ。

少年《しょうねん》は、必死《ひっし》でさけんだ。

「狼《おおかみ》だ！　狼《おおかみ》が来《き》た！　ほんとに来《き》たんだよー！」

でも、村人《むらびと》たちは、

「また、あの少年《しょうねん》がうそを言《い》っている。何度《なんど》もだまされるもんか」

と、だれも、少年《しょうねん》のところに行《い》く者《もの》はいなかった。

少年《しょうねん》の羊《ひつじ》は、みんな狼《おおかみ》に食《た》べられてしまいましたとさ。

この話《はなし》は、ふだんからうそばかりついている人《ひと》は、本当《ほんとう》のことを言《い》っても信《しん》じてもらえない、ということを教《おし》えているんだよ。

そして「狼少年《おおかみしょうねん》」は、うそつきを表《あらわ》す言葉《ことば》として使《つか》われるようになった。特《とく》に、自分《じぶん》が目立《めだ》つためにうそをつく人《ひと》を指《さ》すことが多《おお》いよ。

ところで、外国《がいこく》の物語《ものがたり》には、狼《おおかみ》と羊《ひつじ》が出《で》てくるものがたくさんあるんだ。そして、有名《ゆうめい》な言葉《ことば》もあるよ。**「羊《ひつじ》の皮《かわ》を着《き》た狼《おおかみ》」**というものだ。

これは、『新約聖書《しんやくせいしょ》』（52ページを見《み》てね）のイエス・キリストの言葉《ことば》から生《う》まれたもの。「にせものの預言者《よげんしゃ》には気《き》をつけなさい。彼《かれ》らは、羊《ひつじ》の皮《かわ》を着《き》てやってくるけど、その中《なか》身《み》はよくばりな狼《おおかみ》だ」

羊《ひつじ》はやさしくておとなしい人《ひと》、狼《おおかみ》はよくばりで悪《わる》い人《ひと》のたとえだ。見《み》かけはやさしそうだけど、心《こころ》の中《なか》では悪《わる》だくみをしているような人《ひと》のことを言《い》うよ。

実《じつ》はイソップ物語《ものがたり》にも、『羊《ひつじ》の皮《かわ》をかぶった狼《おおかみ》』という話《はなし》がある。

おなかをすかせた狼《おおかみ》が、羊《ひつじ》の皮《かわ》をひろい、その皮《かわ》をかぶって羊《ひつじ》のふりをした。すると子《こ》羊《ひつじ》がついてきたので、それをつかまえて食《た》べてしまった。

「これなら、楽《らく》に羊《ひつじ》をつかまえられるぞ」

その夜《よる》、羊小屋《ひつじごや》にいたところ、羊飼《ひつじか》いが羊《ひつじ》の肉《にく》を食《た》べようと思《おも》って小屋《こや》に来《き》た。そして、
その狼《おおかみ》を羊《ひつじ》だと思《おも》って殺《ころ》してしまったというお話《はなし》だ。

この狼《おおかみ》は、自分《じぶん》の悪《わる》だくみのせいで殺《ころ》されてしまったんだね。

みんなも、こんな狼《おおかみ》や狼少年《おおかみしょうねん》にならないように、気《き》をつけようね。

狼少年《おおかみしょうねん》
同《おな》じうそを繰《く》り返《かえ》す人《ひと》。何度《なんど》も人《ひと》をだまして信用《しんよう》されなくなった人《ひと》。

うそじゃない
うそばかりつくと「狼少年《おおかみしょうねん》」と呼《よ》ばれてしまう。
でも、ぼくならいくらうそをついてもだいじょうぶ！
そう、うそをつくとホントになる「ソノウソホント」があるぼくならね！
おいおい、用《よう》がすんだらすぐに返《かえ》せよ？
ソノウソホント

必要《ひつよう》は発明《はつめい》の母《はは》

あの物語《ものがたり》の主人公《しゅじんこう》が有名《ゆうめい》にしたんだって！

「必要《ひつよう》は発明《はつめい》の母《はは》」。これは、昔《むかし》から伝《つた》わるヨーロッパのことわざだ。「母《はは》」というのは、お母《かあ》さんが子《こ》どもを産《う》むように、何《なに》かを生《う》み出《だ》すもと、という意味《いみ》を表《あらわ》す言葉《ことば》だよ。発明《はつめい》は必要《ひつよう》があってこそ生《う》まれるものだ、という意味《いみ》なんだ。必要《ひつよう》だと思《おも》うと、あれこれと考《かんが》えて工夫《くふう》するからね。

この言葉《ことば》を有名《ゆうめい》にしたのは、『ガリバー旅行記《りょこうき》』という物語《ものがたり》なんだよ。

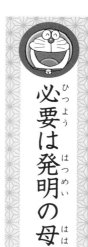

『ガリバー旅行記《りょこうき》』は、ガリバーという主人公《しゅじんこう》が、船《ふね》でいろいろなふしぎな国《くに》へ行《い》く冒険《ぼうけん》物語《ものがたり》。一七二六年《ねん》にジョナサン・スウィフトというアイルランドの作家《さっか》が発表《はっぴょう》して、今《いま》でも世界中《せかいじゅう》で読《よ》まれている、とても人気《にんき》のある物語《ものがたり》だよ。

ガリバーが小人《こびと》の国《くに》で小人《こびと》たちにしばられたり、巨人《きょじん》の国《くに》へ行《い》って見《み》せ物《もの》にされたりするお話《はなし》を、読《よ》んだことがある人《ひと》もいるんじゃないかな。

実《じつ》は、この物語《ものがたり》には続《つづ》きがあって、さらに、ガリバーは、ラピュタという空飛《そらと》ぶ島《しま》に行《い》き、その帰《かえ》りには日本《にほん》にも寄《よ》っているんだ。

この「必要《ひつよう》は発明《はつめい》の母《はは》」という言葉《ことば》が出《で》てくるのは、また次《つぎ》の、ガリバー最後《さいご》の冒険《ぼうけん》で、馬《うま》の国《くに》へ行《い》ったときのこと。

ガリバーがたどり着《つ》いたのは、馬《うま》の姿《すがた》のフウイヌムという種族《しゅぞく》が支配《しはい》する国《くに》だった。フウイヌムは、馬《うま》だけど、とても知的《ちてき》で上品《じょうひん》な人《ひと》たち（？）なんだ。

一方《いっぽう》この国《くに》には、人間《にんげん》によく似《に》たヤフーという種族《しゅぞく》がいた。でも、はだかで言葉《ことば》を話《はな》せず、下品《げひん》で下等《かとう》な者《もの》として、フウイヌムたちからとてもきらわれていたんだ。

ガリバーはヤフーによく似《に》ていたけど、服《ふく》を着《き》ていて知性《ちせい》もあるため、フウイヌムたちに気《き》に入《い》られた。ガリバーはフウイヌムの言葉《ことば》を覚《おぼ》えて、主人《しゅじん》に、人間《にんげん》の国《くに》のことや政治《せいじ》や経済《けいざい》などのいろいろな話《はなし》を聞《き》かせたんだ。

そして、主人《しゅじん》はガリバーに家《いえ》を作《つく》ってくれた。ここでガリバーはおだやかに暮《く》らすことになったんだけど、漂流《ひょうりゅう》してたどり着《つ》いたので、着替《きが》えがない。そこで、ウサギのような動物《どうぶつ》の毛皮《けがわ》で服《ふく》を作《つく》ったり、木《き》と革《かわ》でくつを作《つく》ったりしたんだ。

食《た》べ物《もの》は、馬《うま》の食《た》べるものでは物足《ものた》りないので自分《じぶん》で工夫《くふう》して、馬《うま》が食《た》べる麦《むぎ》でパンを作《つく》ったり、ハチミツをとってきてパンにつけたり水《みず》にまぜて飲《の》んだりしたんだ。

「必要《ひつよう》は発明《はつめい》の母《はは》」という言葉《ことば》は、ここで出《で》てくるよ。

ガリバーは、「『必要《ひつよう》は発明《はつめい》の母《はは》』という格言《かくげん》が真実《しんじつ》だと証明《しょうめい》できるのは、私以外《わたしいがい》にあまりいないだろう」と言《い》っている。確《たし》かに、ガリバーは、生《い》きるために必要《ひつよう》だったから、いろいろな発明《はつめい》をしていったんだね。

ガリバーはここの生活《せいかつ》が気《き》に入《い》って、一生《いっしょう》ここで暮《く》らしたいと思《おも》っていた。馬《うま》のフウイヌムたちの社会《しゃかい》には争《あらそ》いごとや犯罪《はんざい》もなく、いばる者《もの》やめいわくな者《もの》や悪口《わるくち》を言《い》う者《もの》などもいなかったんだ。

ガリバーは、自分《じぶん》がヤフーに似《に》ている人間《にんげん》なのがとてもいやだった。でも、結局《けっきょく》、ガリバーはヤフーの仲間《なかま》だとされて、この国《くに》をおい出《だ》されてしまったんだよ。

『ガリバー旅行記《りょこうき》』の、小人《こびと》の国《くに》や巨人《きょじん》の国以外《くにいがい》のお話《はなし》は、少《すこ》しむずかしいかもしれないけど、いろいろ考《かんが》えさせられるものが多《おお》いよ。機会《きかい》があれば読《よ》んでみてね。

ところで、『ガリバー旅行記《りょこうき》』のおかげでよく知《し》られるようになった、「必要《ひつよう》は発明《はつめい》の母《はは》」だけど、ある有名人《ゆうめいじん》の言葉《ことば》としても知《し》られている。それが、発明王《はつめいおう》エジソンだ。エジソンは、いろいろな物《もの》を発明《はつめい》したけど、特《とく》に、白熱電球《はくねつでんきゅう》を発明《はつめい》して実用化《じつようか》したことで知《し》られている人《ひと》。伝記《でんき》を読《よ》んだことがある人《ひと》もいるかもしれないね。

エジソンは、「まず世界《せかい》が必要《ひつよう》としている物《もの》を見《み》つけ出《だ》す。そして、先《さき》に進《すす》みそれを発《はつ》明《めい》するのだ」と言《い》っている。身《み》のまわりで必要《ひつよう》なものを探《さが》すのが、発明《はつめい》の第一歩《だいいっぽ》なんだね。

必要《ひつよう》は発明《はつめい》の母《はは》

必要《ひつよう》があれば、自然《しぜん》に発《はつ》明《めい》が生《う》まれるということ。

のび太《た》の発明《はつめい》
あら？それなあに？
これ？ぼくが発明《はつめい》したぼうしさ。
これがあればいつでもどこでもひるねができる。名《な》づけて、「ひるねぼう」
二《ふた》つ折《お》りのざぶとん

ローマは一日《いちにち》にしてならず

どんな立派《りっぱ》なことも、苦労《くろう》の積《つ》み重《かさ》ねだ！

ローマというのはイタリアの首都《しゅと》。世界中《せかいじゅう》から観光客《かんこうきゃく》が集《あつ》まる都市《とし》として知《し》られている。でも、**「ローマは一日《いちにち》にしてならず」**のローマは、ローマ帝国《ていこく》という国《くに》のことなんだ。

ローマ帝国《ていこく》というのは、紀元前《きげんぜん》二七年《ねん》（西暦《せいれき》一年《ねん》より二七年前《ねんまえ》）に、地中海周辺《ちちゅうかいしゅうへん》のヨーロッパを統一《とういつ》して、その後三百年以上《ごさんびゃくねんいじょう》、ヨーロッパで強大《きょうだい》な勢力《せいりょく》を持《も》ち続《つづ》けた国《くに》だよ。

そんなローマ帝国《ていこく》だけど、もともとは、紀元前八世紀《きげんぜんはっせいき》（西暦一年《せいれきいちねん》より八〇〇〜七〇一年《ねん》前《まえ》）ごろにイタリア半島《はんとう》にできた小《ち》さな国《くに》だったんだ。

それがやがて、イタリア半島《はんとう》を統一《とういつ》。さらに戦争《せんそう》で近《ちか》くの国《くに》をどんどん攻《せ》めて、国《くに》を大《おお》きくしていった。紀元前二世紀《きげんぜんにせいき》（西暦一年《せいれきいちねん》より二〇〇〜一〇一年前《ねんまえ》）ごろからは内戦《ないせん》が百《ひゃく》年《ねん》も続《つづ》き、その後《ご》、初代皇帝《しょだいこうてい》アウグストゥスのもと、ようやくローマ帝国《ていこく》ができたんだ。

強大《きょうだい》なローマ帝国《ていこく》も、立派《りっぱ》な国《くに》になるまでに、七百年《ななひゃくねん》以上《いじょう》もかかっているんだね。「ローマは一日《いちにち》にしてならず」というのは、大《おお》きくて立派《りっぱ》な仕事《しごと》はかんたんにはできない、成《な》しとげるまでに時間《じかん》がかかる、という意味《いみ》なんだよ。

この言葉《ことば》は、『ドン・キホーテ』の物語《ものがたり》から生《う》まれたと言《い》われているよ。『ドン・キホーテ』は、セルバンテスというスペインの作家《さっか》が一六〇五年《ねん》に発表《はっぴょう》した小説《しょうせつ》だ。日本《にほん》の有名《ゆうめい》なチェーン店《てん》の名前《なまえ》も、この物語《ものがたり》からつけられたものだね。

ドン・キホーテは、自分《じぶん》を伝説《でんせつ》の騎士《きし》だと思《おも》いこみ、サンチョ・パンサという家来《けらい》といっしょに、ロシナンテという愛馬《あいば》に乗《の》って、悪《あく》をこらしめる旅《たび》に出《で》る。騎士《きし》というのは、日本《にほん》の武士《ぶし》のようなもので、馬《うま》に乗《の》って戦《たたか》うヨーロッパの戦士《せんし》のことを言《い》うよ。

ちょっと変人《へんじん》だけど正義感《せいぎかん》が強《つよ》くて、おかしいけど勇気《ゆうき》ある男《おとこ》の冒険物語《ぼうけんものがたり》なんだ。

有名《ゆうめい》なのは、風車《ふうしゃ》に立《た》ち向《む》かうシーン。風車《ふうしゃ》がたくさん並《なら》んでいるところにやって来《き》たドン・キホーテは、風車《ふうしゃ》を巨人《きょじん》とまちがえてしまうんだ。そして、やりを構《かま》えて馬《うま》で風車《ふうしゃ》に向《む》かっていくんだよ。絵本《えほん》で読《よ》んだことがある人《ひと》もいるかもしれないね。

「ローマは一日《いちにち》にしてならず」は、この『ドン・キホーテ』の後編《こうへん》の話《はなし》（一六一五年《ねん》に発《はっ》表《ぴょう》）のなかで、ドン・キホーテが言《い》った言葉《ことば》とされているんだ。

でも、実《じつ》は、セルバンテスが書《か》いた原作《げんさく》のなかには、こんな言葉《ことば》は出《で》てこない。原作《げんさく》に出《で》てくるのは、「サモーラも一時間《いちじかん》では落城《らくじょう》しない」という言葉《ことば》なんだ。

サモーラというのは、スペインの都市《とし》の名前《なまえ》だ。サモーラでは、王様《おうさま》が亡《な》くなった後《あと》、兄弟《きょうだい》たちの争《あらそ》いが起《お》こって、サモーラのお城《しろ》の取《と》り合《あ》いが起《お》こった。

このときのことを例《れい》に出《だ》して、ドン・キホーテはこう言《い》ったんだけど、スペインでは有《ゆう》名《めい》なサモーラという都市《とし》も、ほかの国《くに》の人《ひと》にはなじみがなかった。

そこで、『ドン・キホーテ』の小説《しょうせつ》が英語版《えいごばん》で出版《しゅっぱん》されたとき、ほかの国《くに》の人《ひと》にもわかりやすいたとえとして、「ローマは一日《いちにち》にしてならず」と訳《やく》されたと言《い》われているよ。

また、この言葉《ことば》は、『ドン・キホーテ』に出《で》てくるのが最初《さいしょ》ではなくて、フランスの古《ふる》いことわざだとも言《い》われている。

日本《にほん》では、英語版《えいごばん》の『ドン・キホーテ』から翻訳《ほんやく》されたのが最初《さいしょ》だったために、この言《こと》葉《ば》は『ドン・キホーテ』の物語《ものがたり》から生《う》まれたものとして有名《ゆうめい》になったんだって。

前《まえ》の項目《こうもく》の「必要《ひつよう》は発明《はつめい》の母《はは》」もそうだけど、ベストセラー小説《しょうせつ》から有名《ゆうめい》になった言葉《ことば》が、今《いま》ではその小説《しょうせつ》から広《ひろ》まったことも知《し》らずに使《つか》われているなんて、おもしろいね。

ところで、ほかにも、ローマ帝国《ていこく》が出《で》てくる、とても有名《ゆうめい》な言葉《ことば》がある。**「すべての道《みち》はローマに通《つう》ず」**というものだ。

ローマ帝国《ていこく》がとても栄《さか》えていたときは、世界中《せかいじゅう》からの道《みち》がローマに通《つう》じていたと言《い》われている。ここから、方法《ほうほう》はちがっても目的《もくてき》は同《おな》じであるという意味《いみ》の言葉《ことば》になったんだよ。

この二《ふた》つの言葉《ことば》からも、ローマ帝国《ていこく》がどんなにすごかったか、今《いま》でも感《かん》じられるよね。

ローマは一日《いちにち》にしてならず

大《おお》きな事業《じぎょう》は、長時間《ちょうじかん》の努力《どりょく》なしでは完成《かんせい》しないことのたとえ。

さいは投《な》げられた

古代《こだい》ローマの将軍《しょうぐん》の、後《あと》に引《ひ》けない決意《けつい》の言葉《ことば》！

「さいは投《な》げられた」といっても、動物《どうぶつ》のサイが投《な》げられるわけじゃないよ。漢字《かんじ》で「賽《さい》」と書《か》いて、サイコロという意味《いみ》なんだ。すごろくで使《つか》う、サイコロだよ。

これは、前《まえ》の「ローマは一日《いちにち》にしてならず」の項目《こうもく》に出《で》てきたローマ帝国《ていこく》ができる前《まえ》の古代《こだい》ローマで、内戦《ないせん》が続《つづ》いた時代《じだい》の主役《しゅやく》、カエサルという将軍《しょうぐん》が言《い》ったとされる言葉《ことば》だ。

カエサルは、ポンペイウスとクラッススという将軍《しょうぐん》と協力《きょうりょく》して、三人《さんにん》で政治《せいじ》を行《おこな》っていた。でも、だんだんポンペイウスと対立《たいりつ》するようになっていったんだ。

カエサルがガリアという土地《とち》をうばって名《な》をあげた後《あと》、カエサルの力《ちから》を恐《おそ》れたポンペイウスは、ほかの政治家《せいじか》たちと手《て》を組《く》み、カエサルに、軍隊《ぐんたい》を解散《かいさん》してローマにもどってくるようにと、命令《めいれい》を出《だ》したんだ。

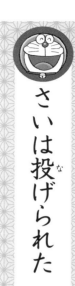

ローマにもどるには、ガリアとイタリアの間《あいだ》にある、ルビコン川《がわ》を渡《わた》らなければいけない。このルビコン川《がわ》を、軍《ぐん》を率《ひき》いてローマに渡《わた》ることは禁止《きんし》されていた。

でも、カエサルはポンペイウスたちと戦《たたか》う決心《けっしん》をして、軍隊《ぐんたい》を連《つ》れて、ルビコン川《がわ》を渡《わた》った。この瞬間《しゅんかん》、カエサルは、ポンペイウスたちに戦《たたか》いをいどむことになったんだ。

このときカエサルが言《い》ったのが、「さいは投《な》げられた」という言葉《ことば》だ。

サイコロというのは、勝負《しょうぶ》を決《き》めるときに使《つか》われるもの。すでにサイコロは投《な》げられたのだから今《いま》さら後《あと》に引《ひ》くことはできない、という意味《いみ》で、もう始《はじ》めてしまったのだから行《こう》動《どう》し続《つづ》けるしかない、という、決意《けつい》を表《あらわ》すときに使《つか》われる言葉《ことば》だよ。

また、このときのカエサルの行動《こうどう》から、**「ルビコン川《がわ》を渡《わた》る」**という言葉《ことば》も生《う》まれた。これは、重大《じゅうだい》な行動《こうどう》をすることを決《き》めた、という意味《いみ》を表《あらわ》す言葉《ことば》だよ。

こうしてローマの内戦《ないせん》が起《お》こり、カエサルはイタリア半島《はんとう》を統一《とういつ》して、勢力《せいりょく》を伸《の》ばしていったんだ。

この内戦《ないせん》のなかでポンペイウスは死《し》に、カエサルの力《ちから》は絶対的《ぜったいてき》なものになっていった。内戦《ないせん》が終《お》わったとき、カエサルはローマの支配者《しはいしゃ》になり、政治《せいじ》の改革《かいかく》を始《はじ》めた。でも、これをよく思《おも》わない人《ひと》たちも多《おお》かったんだ。

紀元前《きげんぜん》四四年《ねん》（西暦一年《せいれきいちねん》より四四年前《ねんまえ》）、会議《かいぎ》に出《で》たカエサルは、議場《ぎじょう》で刺《さ》されて殺《ころ》された。暗殺《あんさつ》を計画《けいかく》した人《ひと》のなかに、カエサルが信頼《しんらい》していたブルータス（ブルートゥス）という家来《けらい》がいた。

殺《ころ》されるとき、ブルータスの姿《すがた》を見《み》たカエサルは、「ブルータス、お前《まえ》もか…」とつぶやいたと言《い》われるよ。

これは、シェイクスピアの『ジュリアス・シーザー』というお芝居《しばい》のなかのセリフとして、有名《ゆうめい》になった言葉《ことば》だ。「ジュリアス・シーザー」というのは、カエサルの名前《なまえ》「ユリウス・カエサル」の別《べつ》の読《よ》み方《かた》。

ここから、**「ブルータス、お前《まえ》もか」**という言葉《ことば》は、信頼《しんらい》していた人《ひと》に裏切《うらぎ》られたときに使《つか》われるようになったんだ。

このカエサルの言葉《ことば》として、もう一《ひと》つ、有名《ゆうめい》なものがある。**「来《き》た、見《み》た、勝《か》った」**というものだ。

ローマの内戦《ないせん》のとき、すでにローマに征服《せいふく》されていたポントスという国《くに》の王様《おうさま》が、内戦《ないせん》に乗《じょう》じて、国《くに》を取《と》り返《かえ》そうとしたんだ。

カエサルはポントスの国《くに》に行《い》き、ゼラという地《ち》で戦《たたか》って、わずか四時間《よじかん》で勝利《しょうり》した。このとき、カエサルが友人《ゆうじん》に送《おく》った手紙《てがみ》に、「来《き》た、見《み》た、勝《か》った」と書《か》いたんだ。

この言葉《ことば》は、何《なに》かに勝利《しょうり》したときの言葉《ことば》として、よく使《つか》われるようになったよ。

今《いま》から二千年以上《にせんねんいじょう》も前《まえ》に生《い》きたローマ人《じん》の言葉《ことば》が、今《いま》の日本《にほん》でもよく使《つか》われているなんて、なんだか不思議《ふしぎ》でロマンチックだね。

さいは投《な》げられた

こうなった以上《いじょう》、結果《けっか》はどうであっても、やるしかないということ。

余《よ》の辞書《じしょ》に不可能《ふかのう》という文字《もじ》はない

自信家《じしんか》ナポレオン将軍《しょうぐん》のかっこいい名言《めいげん》

前《まえ》の項目《こうもく》の「さいは投《な》げられた」は、大昔《おおむかし》のヨーロッパ、古代《こだい》ローマの英雄《えいゆう》カエサルの言葉《ことば》だったね。では今度《こんど》は、今《いま》から二百年《にひゃくねん》ほど前《まえ》のフランスの英雄《えいゆう》の言葉《ことば》を見《み》てみよう。

フランスでは、一七八九年《ねん》にフランス革命《かくめい》という市民《しみん》による革命《かくめい》が起《お》こって、政治《せいじ》の形《かたち》が変《か》わった。王様《おうさま》が強《つよ》い力《ちから》を持《も》つ王政《おうせい》から、人民《じんみん》が力《ちから》を持《も》つ共和政《きょうわせい》になったんだ。

フランスは混乱《こんらん》し、王政《おうせい》を支持《しじ》するまわりの国《くに》も巻《ま》き込《こ》んで反乱《はんらん》が起《お》こったけど、ここにさっそうと登場《とうじょう》したのが、ナポレオンだ。きみも名前《なまえ》を聞《き》いたことがあるだろう。

ナポレオンはフランスの軍人《ぐんじん》で、ヨーロッパ各地《かくち》の戦《たたか》いに出向《でむ》いて、勝《か》ち続《つづ》けた。連戦《れんせん》連勝《れんしょう》のナポレオン将軍《しょうぐん》は、国民《こくみん》から絶大《ぜつだい》な人気《にんき》を得《え》て、ヒーローになったんだ。

そして政治《せいじ》の実権《じっけん》をにぎってフランス革命《かくめい》を終《お》わらせ、一八〇四年《ねん》には新《あたら》しいフランスの皇帝《こうてい》、ナポレオン一世《いっせい》となった。皇帝《こうてい》になったナポレオンは、イタリア、スペイン、オランダなどヨーロッパのほかの国《くに》にまで勢力《せいりょく》を広《ひろ》げ、支配《しはい》していった。

こんなナポレオンの言葉《ことば》として有名《ゆうめい》なのが、**「余《よ》の辞書《じしょ》に不可能《ふかのう》という文字《もじ》はない」**だ。

「余《よ》」とは「私《わたし》」ということ。私《わたし》にできないことは何《なに》もない、と言《い》っているんだね。

でも、この言葉《ことば》、とてもよく知《し》られているけど、本当《ほんとう》に言《い》ったという記録《きろく》はないんだ。

実際《じっさい》の記録《きろく》にあるのは、「不可能《ふかのう》という言葉《ことば》はフランス語《ご》にはない」というものらしい。

これと、とても強《つよ》くて自分《じぶん》の思《おも》いどおりに物事《ものごと》を運《はこ》んでいたナポレオンが結《むす》びついて、「余《よ》の辞書《じしょ》に不可能《ふかのう》という文字《もじ》はない」という、自信《じしん》まんまんの言葉《ことば》ができたようだ。

きみたちも、人《ひと》から何《なに》かをたのまれて、「できる？」と聞《き》かれたときなどに、ジョークっぽく言《い》ってみるとかっこいいよ。でも、本当《ほんとう》にできるときだけにしようね。

しかし、強《つよ》すぎる人《ひと》には反発《はんぱつ》が起《お》こるもの。ヨーロッパ各地《かくち》で、ナポレオンに反対《はんたい》する国々《くにぐに》が増《ふ》えてきた。

一八一二年《ねん》にロシアに勢力《せいりょく》を拡大《かくだい》しようと攻《せ》めていくけど、大失敗《だいしっぱい》。大負《おおま》けして、ここからヨーロッパでは、ナポレオンに対立《たいりつ》する動《うご》きが強《つよ》くなっていくんだ。

そしてヨーロッパ連合軍《れんごうぐん》との戦《たたか》いに敗《やぶ》れ、なかまの裏切《うらぎ》りにもあって、一八一四年《ねん》、ナポレオンは、イタリアの近《ちか》くのエルバ島《とう》へ島流《しまなが》しにされてしまった。

ついに、ナポレオンもこれまでか……！

と思《おも》われたけど、なんと、ナポレオンは復活《ふっかつ》する。一八一五年三月《ねんさんがつ》にエルバ島《とう》を脱出《だっしゅつ》して、フランスのパリに入《はい》り、また皇帝《こうてい》の地位《ちい》についたんだ。

ナポレオンは新《あたら》しい憲法《けんぽう》を作《つく》って自分《じぶん》に反対《はんたい》する人々《ひとびと》となかよくしようとした。でも、ヨーロッパ連合軍《れんごうぐん》はナポレオンを受《う》け入《い》れなかったんだ。そしてまた戦争《せんそう》。

一八一五年六月《ねんろくがつ》、ついに、ワーテルローの戦《たたか》いでイギリス・プロイセンなどの連合軍《れんごうぐん》に敗《やぶ》れ、ナポレオンは、南大西洋《みなみたいせいよう》の離《はな》れ小島《こじま》、セント・ヘレナ島《とう》に閉《と》じこめられてしまったんだよ。そして、今度《こんど》は復活《ふっかつ》することなく、ついにこの島《しま》で亡《な》くなってしまったんだ。

ナポレオンがエルバ島《とう》を脱出《だっしゅつ》してワーテルローの戦《たたか》いで敗《やぶ》れるまで、およそ百日間《ひゃくにちかん》。だから、この期間《きかん》はナポレオンの「百日天下《ひゃくにちてんか》」と言《い》われる。

これにたとえて、短《みじか》い期間《きかん》の政権《せいけん》のことを、**「百日天下《ひゃくにちてんか》」**と呼《よ》ぶようになったんだよ。

ところで、こんなふうに短《みじか》い期間《きかん》だけの権力《けんりょく》のことを、日本《にほん》では**「三日天下《みっかてんか》」**と言《い》う。

これは、織田信長《おだのぶなが》を倒《たお》した、明智光秀《あけちみつひで》の話《はなし》から生《う》まれたものなんだ。

織田信長《おだのぶなが》は、戦国時代《せんごくじだい》を勝《か》ち抜《ぬ》いて天下《てんか》をとった武将《ぶしょう》。この信長《のぶなが》を、京都《きょうと》の本能寺《ほんのうじ》で倒《たお》したのが、家来《けらい》の明智光秀《あけちみつひで》だ。

でも、その明智光秀《あけちみつひで》は、その十数日後《じゅうすうじつご》に、豊臣秀吉《とよとみひでよし》に滅《ほろ》ぼされてしまうんだ。

「十日天下《とおかてんか》」じゃなく「三日天下《みっかてんか》」なのは、「三日《みっか》」がとても短《みじか》い期間《きかん》を表《あらわ》すことと、実際《じっさい》に明智光秀《あけちみつひで》が京都《きょうと》で政治《せいじ》を行《おこな》ったのが三日間《みっかかん》だけだったから、とも言《い》われるよ。

余《よ》の辞書《じしょ》に不可能《ふかのう》という文字《もじ》はない

わたしにできないことはなにもない。何《なん》でもできるということ。

ノビレオンの辞書《じしょ》

エッヘン!!
余《よ》はノビ国《こく》の軍人《ぐんじん》、ノビレオンである。
余《よ》の辞書《じしょ》に「可能《かのう》」という文字《もじ》はない!!
それじゃあ何《なに》もできないってことじゃないか!!

バベルの塔《とう》

天《てん》までとどかなかった、巨大《きょだい》な塔《とう》がもたらしたものは？

「バベルの塔《とう》」という絵画《かいが》を見《み》たことがないかな？　バベルの塔《とう》は、山《やま》のように先《さき》が細《ほそ》くなっている大《おお》きな塔《とう》で、これを題材《だいざい》にして、いろいろな画家《がか》が絵《え》を描《か》いているんだ。

でも、実際《じっさい》にあった塔《とう》ではないよ。これは、『旧約聖書《きゅうやくせいしょ》』の『創世記《そうせいき》』という本《ほん》に書《か》れている、伝説《でんせつ》の塔《とう》なんだ。

聖書《せいしょ》というのは、キリスト教《きょう》の聖典《せいてん》（信者《しんじゃ》の人《ひと》が守《まも》るべきことが書《か》かれている、大切《たいせつ》な本《ほん》）のこと。聖書《せいしょ》には、旧約聖書《きゅうやくせいしょ》と新約聖書《しんやくせいしょ》があって、旧約聖書《きゅうやくせいしょ》のほうが古《ふる》いものだ。

そのなかの『創世記《そうせいき》』というのは、旧約聖書《きゅうやくせいしょ》の最初《さいしょ》の部分《ぶぶん》。神様《かみさま》が世界《せかい》を作《つく》って人間《にんげん》を作《つく》るようすなどが、書《か》かれているんだよ。

もともと人間《にんげん》はみんな同《おな》じ民族《みんぞく》で、同《おな》じ言葉《ことば》をしゃべっていた。人間《にんげん》たちは相談《そうだん》した。

「われわれ自身《じしん》で生《う》み出《だ》した材料《ざいりょう》を使《つか》って、自分《じぶん》たちの街《まち》と、天《てん》までとどくような塔《とう》を造《つく》ろう。そして、自分《じぶん》たちの存在《そんざい》を示《しめ》すんだ」

神様《かみさま》が作《つく》った建築《けんちく》の材料《ざいりょう》は石《いし》と漆喰《しっくい》だったけど、その代《か》わりに人間《にんげん》が作《つく》ったレンガとアスファルトを使《つか》って、こわれないものを造《つく》ろうとしたんだ。

塔《とう》ができていくのを見《み》た神様《かみさま》は、怒《おこ》り、あせった。

「人間《にんげん》が神《かみ》に挑戦《ちょうせん》しようなど、なまいきだ。しかし、人間《にんげん》たちは同《おな》じ民族《みんぞく》で同《おな》じ言葉《ことば》を話《はな》しているから、きっとこの大事業《だいじぎょう》もやりとげるだろう。このままだと、人間《にんげん》はこの先何《さきなに》をするかわからない。それなら、彼《かれ》らが相手《あいて》の言葉《ことば》をわからなくなるようにしてやろう」

そして神様《かみさま》は、人間《にんげん》たちの言葉《ことば》を、いろいろなものに変《か》えてしまったんだよ。

言葉《ことば》が通《つう》じなくなった人間《にんげん》たちは、塔《とう》を造《つく》るのをやめてしまった。そして、世界中《せかいじゅう》に散《ち》っていき、そこで同《おな》じ言葉《ことば》を話《はな》す人《ひと》たちといっしょに街《まち》を造《つく》っていったんだ。

この高《たか》い塔《とう》が建《た》てられようとした街《まち》は、「バベル（混乱《こんらん》）」と名付《なづ》けられた。

ここから、「バベルの塔《とう》」という言葉《ことば》が生《う》まれ、壮大《そうだい》すぎて実現《じつげん》できないような計画《けいかく》のことを言《い》うときに使《つか》われるようになったんだよ。

ところで、この話《はなし》が載《の》っている『創世記《そうせいき》』からは、ほかにも有名《ゆうめい》な言葉《ことば》が生《う》まれている。たとえば、**「禁断《きんだん》の木《こ》の実《み》」**という言葉《ことば》がある。これは、神様《かみさま》が作《つく》った最初《さいしょ》の男女《だんじょ》、アダムとイブのお話《はなし》から生《う》まれた言葉《ことば》だ。

アダムとイブは、生《う》まれたままの姿《すがた》で、エデンの園《その》で幸《しあわ》せに暮《く》らしていた。エデンの園《その》というのは理想《りそう》の楽園《らくえん》で、苦《くる》しみや悲《かな》しみがまったくないという国《くに》だ。

でも神様《かみさま》から、そこにある「知恵《ちえ》の木《き》」の実《み》だけは、絶対《ぜったい》に食《た》べてはいけないと、きびしく言《い》われていた。

ところがあるとき、ヘビに、「この実《み》はとてもおいしいぞ〜」と言《い》われたイブは、誘惑《ゆうわく》に負《ま》けて、知恵《ちえ》の木《き》の実《み》を食《た》べてしまうんだ。本当《ほんとう》においしくて、イブはアダムにもすすめてその実《み》を食《た》べさせた。これが「禁断《きんだん》の木《こ》の実《み》」だ。

そのとたん、アダムとイブは、急《きゅう》に、はだかでいるのがはずかしくなってしまった。そして、イチジクの葉《は》を下着《したぎ》がわりに身《み》につけたんだ。

これを知《し》った神様《かみさま》は怒《おこ》って、二人《ふたり》をエデンの園《その》から追放《ついほう》してしまった。そして、生《い》きていくための苦《くる》しみと、死《し》を、人間《にんげん》に与《あた》えたんだよ。

また、二人《ふたり》を誘惑《ゆうわく》したヘビは、罰《ばつ》として、一生地《いっしょうち》をはいずるようにされてしまった。だから、ヘビには足《あし》がないんだって。

ここから、「禁断《きんだん》の木《こ》の実《み》」とは、ほしいけど手《て》を出《だ》してはいけない、でもとても魅力《みりょく》的《てき》なもののことを表《あらわ》す言葉《ことば》になったんだよ。

こんなふうに、人間《にんげん》たちが神様《かみさま》を怒《おこ》らせたことが後《のち》の人間《にんげん》たちに影響《えいきょう》するという伝説《でんせつ》はほかにもある。私《わたし》たちも神様《かみさま》を怒《おこ》らせないように気《き》をつけなければいけないね。

バベルの塔《とう》

聖書《せいしょ》にある伝説《でんせつ》の塔《とう》の名《な》から、実現不可能《じつげんふかのう》な計画《けいかく》のこと。

ちょっと違《ちが》う
これが有名《ゆうめい》なバベルの塔《とう》だよ。
うちの近所《きんじょ》にもあるよね。
スポーツ・ジム
バーベルが10本《ぽん》でバーベルの10《とお》！なんちゃって。

目《め》には目《め》を

とても古《ふる》い法律《ほうりつ》から生《う》まれた言葉《ことば》。こわいだけじゃない？

特《とく》にサスペンスドラマなどで、よく耳《みみ》にする言葉《ことば》だ。

正《ただ》しくは、「**目《め》には目《め》を　歯《は》には歯《は》を**」と続《つづ》くんだよ。

意味《いみ》は、自分《じぶん》の目《め》を傷《きず》つけられたら同《おな》じように相手《あいて》の目《め》を傷《きず》つけて、歯《は》を折《お》られたら同《おな》じように相手《あいて》の歯《は》を折《お》る、ということで、「やられたら同《おな》じようにやり返《かえ》せ」というような、復讐《ふくしゅう》を表《あらわ》すこわい言葉《ことば》なんだ。

もともとは、『ハムラビ法典《ほうてん》』という法律《ほうりつ》から生《う》まれたもの。

『ハムラビ法典《ほうてん》』というのは、紀元前《きげんぜん》一八世紀《せいき》（西暦一年《せいれきいちねん》より一八〇〇〜一七〇一年前《ねんまえ》）ごろ、今《いま》のイラクのあたりにあった国《くに》、バビロニア帝国《ていこく》でできた法律《ほうりつ》だ。ハムラビ王《おう》という王様《おうさま》が定《さだ》めたもので、世界《せかい》で二番目《にばんめ》に古《ふる》い法律《ほうりつ》と言《い》われているよ。

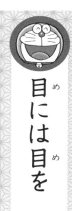

復讐《ふくしゅう》が定《さだ》められた法律《ほうりつ》なんて、こわいと思《おも》うかもしれないね。

でも、今《いま》、使《つか》われているような「やられたらやり返《かえ》せ」という意味《いみ》よりも、「やったら同《おな》じようにやり返《かえ》されるぞ」という意味《いみ》のほうが強《つよ》かったようだ。

さらに、やられた以上《いじょう》にひどいことをしないよう、同《おな》じ程度《ていど》にやり返《かえ》すこと、弱《よわ》い者《もの》が強《つよ》い者《もの》にひどいことをされないようにすること、というような公平《こうへい》な意味《いみ》もあったと言《い》われているよ。「倍返《ばいがえ》し」はダメ、ということだね。

この言葉《ことば》は、聖書《せいしょ》にも出《で》てくる。旧約聖書《きゅうやくせいしょ》の『出《しゅつ》エジプト記《き》』という本《ほん》には、

「目《め》には目《め》、歯《は》には歯《は》、手《て》には手《て》、足《あし》には足《あし》、焼《や》き傷《きず》には焼《や》き傷《きず》、傷《きず》には傷《きず》、打《う》ち傷《きず》には打《う》ち傷《きず》をもって、つぐなわなければならない」

とある。『ハムラビ法典《ほうてん》』よりももっとくわしくなっているね。

『出《しゅつ》エジプト記《き》』は、前《まえ》の「バベルの塔《とう》」の項目《こうもく》で出《で》てきた『創世記《そうせいき》』の後《あと》、モーセという指導者《しどうしゃ》が、エジプトで奴隷《どれい》になっていたイスラエルの人々《ひとびと》を連《つ》れてエジプトを脱出《だっしゅつ》する話《はなし》だ。モーセが、脱出《だっしゅつ》のとちゅうで神様《かみさま》から授《さず》かった定《さだ》めについて話《はな》す場面《ばめん》に出《で》てくるよ。

ところで、このモーセという人《ひと》にはいろいろな伝説《でんせつ》があるんだ。

エジプトから逃《に》げるとき、海《うみ》が行《ゆ》く手《て》をはばみ、追《お》っ手《て》がせまった。そのとき、モーセが手《て》に持《も》っていたつえをふり上《あ》げると、なんと、海《うみ》がまっ二《ぷた》つに割《わ》れたんだ！

モーセたちは割《わ》れた海《うみ》の間《あいだ》を渡《わた》ることができたけど、追《お》っ手《て》が渡《わた》ろうとすると海《うみ》が元《もと》どおりになって、追《お》っ手《て》たちは沈《しず》んでしまったという。


また、**「モーセの十戒《じっかい》」**という有名《ゆうめい》な言葉《ことば》もある。


これは、モーセたちがシナイ山《さん》という山《やま》に来《き》たときに、神様《かみさま》から授《さず》かった十《じゅう》の戒《いまし》めということ。戒《いまし》めとは、失敗《しっぱい》しないように前《まえ》もって注意《ちゅうい》するという意味《いみ》だ。

「父母《ふぼ》を敬《うやま》え」「殺《ころ》してはいけない」「盗《ぬす》んではいけない」など、十《じゅう》の決《き》まりが定《さだ》められているんだけど、今《いま》でも「○○の十戒《じっかい》」なんて名付《なづ》けた決《き》まりごとがよく見《み》られる。これは、この「モーセの十戒《じっかい》」からきているものだよ。

「目《め》には目《め》を」に話《はなし》をもどそう。


さらに時《とき》がたって、新約聖書《しんやくせいしょ》のなかにも、イエス・キリストの言葉《ことば》として出《で》てくるんだ。

「『目《め》には目《め》を、歯《は》には歯《は》を』と言《い》われていたことは、あなたがたの聞《き》いているとおりだ。しかし、わたしはあなたに言《い》う。悪人《あくにん》に手向《てむ》かってはいけない。もし、だれかにあなたの右《みぎ》の頬《ほお》を打《う》たれたら、左《ひだり》の頬《ほお》も向《む》けなさい」

右《みぎ》の頬《ほお》をなぐられたら、左《ひだり》の頬《ほお》もなぐってもいいよと差《さ》し出《だ》しなさい、という意味《いみ》なんだ。そんなこと、とてもできることではないよね。

でも、キリストは、仕返《しかえ》しをしていては、いつまでたっても復讐《ふくしゅう》の気持《きも》ちは消《き》えないと言《い》っているんだよ。むずかしいけど、そんな気持《きも》ちでみんなが生《い》きていければ、世界《せかい》はいつも平和《へいわ》でいられるんだろうね。

目《め》には目《め》を

自分《じぶん》が受《う》けた害《がい》と、同《おな》じだけの仕返《しかえ》しをすること。

反撃《はんげき》

13日《にち》の金曜日《きんようび》

不吉《ふきつ》と言《い》われる日《ひ》は、イエス・キリストに関《かん》係《けい》がある

不吉《ふきつ》と言《い》われる数《かず》があるのを知《し》ってるかな？

日本《にほん》で昔《むかし》から言《い》われてきたのが、４と９。その読《よ》み方《かた》から、４は「死《し》」につながる、９は「苦《く》」につながると言《い》われて、きらわれていた。

だから、日本《にほん》の古《ふる》い病院《びょういん》やホテルでは、４号室《ごうしつ》や９号室《ごうしつ》がないことも多《おお》いんだよ。

こんな日本《にほん》の４と９にあたるのが、ヨーロッパやアメリカでは13という数字《すうじ》なんだ。そして、特《とく》に、**「13日《にち》の金曜日《きんようび》」**というのは不吉《ふきつ》な日《ひ》とされている。

それは、キリスト教《きょう》に関係《かんけい》があると言《い》われているよ。

神様《かみさま》の子《こ》として生《う》まれたイエス・キリストは、人々《ひとびと》に神《かみ》の教《おし》えを広《ひろ》めていった。前《まえ》の「目《め》には目《め》を」の項目《こうもく》で出《で》てきた、「右《みぎ》の頬《ほお》を打《う》たれたら左《ひだり》の頬《ほお》も向《む》けなさい」というのも、

その教《おし》えの一《ひと》つだよ。

キリストは、水《みず》の上《うえ》を歩《ある》いたり、少《すこ》しのパンを増《ふ》やして大勢《おおぜい》の人《ひと》に食《た》べさせたり、触《さわ》ったり話《はな》したりしただけで病気《びょうき》の人《ひと》を治《なお》したりと、さまざまな奇跡《きせき》を起《お》こしたんだ。

でも、エルサレムという町《まち》に行《い》ったとき、そこで昔《むかし》から信《しん》じられていた宗教《しゅうきょう》を批判《ひはん》したために、罪《つみ》に問《と》われてしまう。そして、十字架《じゅうじか》にはりつけにされて死刑《しけい》になったんだ。

この刑《けい》が行《おこな》われる前日《ぜんじつ》の夜《よる》、キリストは、十二人《じゅうににん》の弟子《でし》（十二使徒《じゅうにしと》）たちといっしょに食事《しょくじ》をした。これが**「最後《さいご》の晩餐《ばんさん》」**と言《い》われるものだ。

この十二人《じゅうににん》のなかに、ユダという弟子《でし》がいた。ユダはキリストを裏切《うらぎ》って、相手《あいて》にキリストをとらえさせた人物《じんぶつ》だ。キリストはこのとき、「このなかにわたしを裏切《うらぎ》る者《もの》がいるだろう」と予言《よげん》したというよ。

この最後《さいご》の晩餐《ばんさん》にいたのが、キリストを含《ふく》めて十三人《じゅうさんにん》。だから、13という数字《すうじ》は縁起《えんぎ》が悪《わる》いと言《い》われているんだ。

さらに、キリストが処刑《しょけい》された日《ひ》が金曜日《きんようび》だった。

ここから、「13日《にち》の金曜日《きんようび》」というのは、キリスト教徒《きょうと》にとって、とても不吉《ふきつ》な日《ひ》と言《い》われるようになったんだよ。

でも、はりつけにされたキリストは、処刑《しょけい》から三日目《みっかめ》に生《い》き返《かえ》ったんだ。これがキリスト最大《さいだい》の奇跡《きせき》で、「キリストの復活《ふっかつ》」と言《い》われるよ。

ところで、ほかにも、「13日《にち》の金曜日《きんようび》」が不吉《ふきつ》とされるもとになった話《はなし》がある。キリストの話《はなし》より古《ふる》い、『北欧神話《ほくおうしんわ》』に出《で》てくるお話《はなし》だ。

十二人《じゅうににん》の神様《かみさま》がパーティーをしているときに、十三人目《じゅうさんにんめ》の神《かみ》ロキが現《あらわ》れて、バルドルという神《かみ》を殺《ころ》してしまった。そこで、十三人《じゅうさんにん》が集《あつ》まると不吉《ふきつ》なことが起《お》こるとされたんだ。

また、このとき殺《ころ》されたバルドルの母《はは》、フリッグという女神《めがみ》が、毎週金曜日《まいしゅうきんようび》に悪魔《あくま》をまねいて悪《わる》だくみをしていたと言《い》われ、ここから金曜日《きんようび》が不吉《ふきつ》な日《ひ》とされるようになった。

もともと金曜日《きんようび》（フライデー）は、「フリッグの日《ひ》」から来《き》ているとも言《い》われているよ。

また、12という数《かず》は、時計《とけい》や月《つき》の数《かず》などに使《つか》われているように、数《かず》の基準《きじゅん》とされていて、そこに1増《ふ》えて13になると調和《ちょうわ》がみだれるから不吉《ふきつ》だ、という説《せつ》などもあるんだ。

こんないろいろな言《い》い伝《つた》えがあるけど、「13日《にち》の金曜日《きんようび》」が不吉《ふきつ》とされるのは、アメリカ、イギリス、ドイツなど一部《いちぶ》の国《くに》で、西洋《せいよう》の国《くに》すべてではないんだよ。

アメリカでは『13日《にち》の金曜日《きんようび》』というタイトルのホラー映画《えいが》が作《つく》られた。この映画《えいが》は日本《にほん》でも大《だい》ヒットして、ここから、日本人《にほんじん》にも、よりこわいイメージが広《ひろ》がったみたいだ。

ただ、13は日本《にほん》で不吉《ふきつ》とされる数《かず》の4と9の合計《ごうけい》の数《かず》なので、日本《にほん》でも、昔《むかし》から13という数《かず》をきらってきたと言《い》う人《ひと》もいるよ。

だけど、実際《じっさい》の「13日《にち》の金曜日《きんようび》」というのは、一年《いちねん》に一回《いっかい》はあるものなんだ。4や9と同《おな》じように、単《たん》なる迷信《めいしん》なので、気《き》にすることはないんだよ。

13日《にち》の金曜日《きんようび》

西洋《せいよう》の国々《くにぐに》で、不吉《ふきつ》と言《い》われている日《ひ》。

不吉《ふきつ》な日《ひ》
ワッ！今日《きょう》は13日《にち》の金曜日《きんようび》!?
13（金）
ん？君《きみ》には関係《かんけい》ないだろ？
今日《きょう》は宿題《しゅくだい》の提出日《ていしゅつび》なんだよ～!!
なるほど、やってない人《ひと》には不吉《ふきつ》な日《ひ》だろうね。

コロンブスの卵《たまご》

最初《さいしょ》にやった人《ひと》がえらいのだ、という探検家《たんけんか》にまつわる言葉《ことば》

コロンブスという名前《なまえ》を聞《き》いたことはないかな？　一五世紀《じゅうごせいき》のイタリアの船乗《ふなの》りで、「新大陸《しんたいりく》」を最初《さいしょ》に発見《はっけん》したと言《い》われている人《ひと》だよ。

世界地図《せかいちず》を見《み》ればわかるように、ヨーロッパとアジア、アフリカはつながっている。だから、昔《むかし》からこれらの地域《ちいき》では、陸《りく》を通《つう》じての交易《こうえき》が行《おこな》われていた。

でも、アメリカ大陸《たいりく》は海《うみ》をはさんで離《はな》れているね。だから、ヨーロッパの人《ひと》たちは、海《うみ》を渡《わた》るまで、世界《せかい》にほかの大陸《たいりく》があるなんて知《し》らなかったんだ。

一五世紀《じゅうごせいき》ごろに船《ふね》の技術《ぎじゅつ》が進《すす》むと、ヨーロッパ、特《とく》にスペインとポルトガルの王様《おうさま》たちは、インドやアジアのほかの地域《ちいき》に船《ふね》で行《い》く貿易《ぼうえき》のルートを探《さが》し、海外《かいがい》への航海《こうかい》を進《すす》めるようになっていった。この時代《じだい》は、大航海時代《だいこうかいじだい》と言《い》われるよ。

コロンブスより二《に》百年《ひゃくねん》以《い》上前《じょうまえ》に、ベネチア共和国《きょうわこく》（今《いま》のイタリアにあった国《くに》）の商人《しょうにん》マルコ・ポーロがアジアを旅《たび》して、日本《にほん》のことを「黄金《おうごん》の国《くに》ジパング」と紹介《しょうかい》していた。コロンブスは、このジパングへ行《い》って、たくさんの黄金《おうごん》を見《み》つけようと考《かんが》えたんだ。

ポルトガルは東回《ひがしまわ》りでインドに行《い》こうとしていたけど、スペインの協力《きょうりょく》を得《え》たコロンブスは、西回《にしまわ》りで行《い》ったほうがアジアに早《はや》く着《つ》くと考《かんが》えた。アメリカ大陸《たいりく》のことを知《し》らないから、スペインから西《にし》へ進《すす》めば、ジパングのあるアジアの東《ひがし》の端《はし》に着《つ》くと思《おも》ったんだね。

こうして一四九二年《ねん》の八月《はちがつ》、コロンブスは、サンタ・マリア号《ごう》をはじめ三《さん》せきの船《ふね》で、スペインを出発《しゅっぱつ》した。そして十月《じゅうがつ》には、陸地《りくち》を見《み》つけたんだ。

コロンブスはこの島《しま》をインドの一部《いちぶ》だと思《おも》い、近《ちか》くにジパングや中国《ちゅうごく》があると信《しん》じたんだ。そしてこの島《しま》をサン・サルバドル島《とう》と名付《なづ》けた。でも、実際《じっさい》には、今《いま》の北《きた》アメリカと南《みなみ》アメリカの間《あいだ》の、カリブ海《かい》の西《にし》インド諸島《しょとう》に着《つ》いたんだよ。

こうして、コロンブスは、自分《じぶん》では気付《きづ》いていなかったけど、世界《せかい》で初《はじ》めて、アメリカ大陸《たいりく》の周辺《しゅうへん》に到達《とうたつ》したんだ。これが、コロンブスの新大陸発見《しんたいりくはっけん》だ。

コロンブスはさらにあたりを探《さが》して、キューバなどの島《しま》を見《み》つけ、そこに住《す》む先住民《せんじゅうみん》たちをインディオ（インドの人《ひと》）と名付《なづ》けたんだ。そして、島《しま》の宝物《たからもの》をうばい、先住民《せんじゅうみん》を連《つ》れて、スペインにもどった。

スペインの女王《じょおう》はとても喜《よろこ》んでむかえ、コロンブスは出世《しゅっせ》したんだ。

こんなコロンブスをねたんだのか、ある人《ひと》が言《い》い放《はな》った。

「海《うみ》をただ西《にし》へ西《にし》へと航海《こうかい》して陸地《りくち》を見《み》つけたのが、それほどの手柄《てがら》だろうか」

するとコロンブスは、テーブルの上《うえ》にあった卵《たまご》を手《て》に取《と》って、まわりの人《ひと》にたずねた。

「この卵《たまご》を立《た》てることができますか？」

みんなが試《ため》してみたけど、だれも卵《たまご》を立《た》てることはできなかった。

コロンブスは、卵《たまご》のおしりの部分《ぶぶん》のからを少《すこ》しつぶして、卵《たまご》を立《た》ててみせたんだよ。

「なんだ、それならだれでも立《た》てられるさ」

バカにしたようにそう言《い》う人《ひと》に対《たい》して、コロンブスは、こう返《かえ》した。

「そうだ。人《ひと》がやった後《あと》ならだれでもできる。最初《さいしょ》に思《おも》いついた人《ひと》がすごいんですよ」

この話《はなし》から、**「コロンブスの卵《たまご》」**という言葉《ことば》が生《う》まれたんだ。かんたんそうに見《み》えることも、最初《さいしょ》にそれをやるのはとてもむずかしくてすばらしいことだ、という意味《いみ》を表《あらわ》すよ。

でも、この話《はなし》は本当《ほんとう》はコロンブスではなくてほかの人《ひと》がやったことを、後世《こうせい》の人《ひと》がコロンブスに置《お》きかえて作《つく》ったものだ、とも言《い》われているんだ。

コロンブスは、その後《あと》も航海《こうかい》を続《つづ》けたけどうまくいかず、新大陸《しんたいりく》は、コロンブスの死後《しご》に新大陸《しんたいりく》を探検《たんけん》したアメリゴ・ベスプッチの名前《なまえ》から、アメリカ大陸《たいりく》と名付《なづ》けられた。

コロンブスの名前《なまえ》は新大陸《しんたいりく》の名前《なまえ》にはならなかったけど、南米《なんべい》のコロンビアの国《くに》などいろいろなところに残《のこ》っていて、その功績《こうせき》は、今《いま》もよく知《し》られているんだよ。

コロンブスの卵《たまご》

だれでもできそうなことでも、最初《さいしょ》にやるのはむずかしいこと。

おまけ

故事成語《こじせいご》クイズ②

生《い》きるか死《し》ぬかという、たいへんな瀬戸際《せとぎわ》を表《あらわ》すのが「危急存亡《ききゅうそんぼう》のとき」という言葉《ことば》。この「とき」には、ある四季《しき》を表《あらわ》す漢字《かんじ》が当《あ》てはめられているんだけれど、次《つぎ》のどれが正《ただ》しいか、わかるかな？

❶春《はる》
❷秋《あき》
❸冬《ふゆ》

答《こた》えは128ページにあるよ！

故事成語《こじせいご》クイズ①の答《こた》え

6ページの答《こた》えは、
❸の「はだかの王様《おうさま》」。

アンデルセン童話《どうわ》の『はだかの王様《おうさま》』が由来《ゆらい》だよ。

ある仕立《した》て屋《や》が、おろか者《もの》には見《み》えないという布《ぬの》を王様《おうさま》のところに持《も》ってくる。本当《ほんとう》は何《なに》もないのに、王様《おうさま》も家来《け》もおろか者《もの》と思《おも》われたくなくて、見《み》えるふりをする。その布《ぬの》で作《つく》った服《ふく》を着《き》て（いるつもりで）パレードをした王様《おうさま》。家来《けらい》も見物人《けんぶつにん》も服《ふく》をほめたたえるなか、子《こ》どもが「王様《おうさま》ははだかだ！」と言《い》ったことから、みんな「王様《おうさま》ははだかだ！」と言《い》い出《だ》したんだ。

第《だい》二章《しょう》 中国《ちゅうごく》の故《こ》事《じ》成《せい》語《ご》

杞憂《きゆう》

サイオー馬《ば》

天気予報《てんきよほう》を信用《しんよう》してめずらしくカサをもってでかけたんだ。
ところが日本《にほん》晴《ば》れ。
ゆきね堂
バス停《てい》へいけばバスが、駅《えき》へついたら電車《でんしゃ》が……、
目《め》の前《まえ》ででていくんだ。
交差点《こうさてん》では、渡《わた》ろうとするとたんに赤《あか》になる。
やっとたどりついたおじさんの家《いえ》はるす。
おまけにかさを忘《わす》れてママにしかられるし…。
それはそれは………。

ろくでもない目《め》にばかりあうのもういやだ。なんとかしてくれ!!
そう気《き》を落《お》とすな。人間《にんげん》の運命《うんめい》なんてものは……、
キョロ
キョロ
なにかさがしてるの?
どこかに……ナワが……。
ナワがいるの?
さがしてくる。
さがすとみつからないものだな。
やっとみつけた。
どうも。
いいかね、運命《うんめい》なんてものはこのナワのように……、
いいこと悪《わる》いことがからみあっているんだ。
気《き》を落《お》とさずまってれば、そのうちいいこともあるさ。

そんなくだらないお説教《せっきょう》のためにナワをさがさせたの!?
ちゃんとかたづけなさいよ!!
みろみろぼくだけ、悪《わる》いあとには悪《わる》いことがつづくんだあ。
「サイオー馬《ば》」
悪《わる》いことやいいことがあった時《とき》、この馬《うま》がけとばしてくれる。
とたんに逆転《ぎゃくてん》！
悪《わる》いあとにはいいこと、いいあとには悪《わる》いことが起《お》きるんだ。
たとえば今《いま》悪《わる》いことが起《お》きたから。
パカ

ドサ
あ〜っ
これは
!!
こないだからさがしてた大事《だいじ》な大事《だいじ》なまんが!!
あぶなくチリ紙交換《がみこうかん》にだされるところだった!
いいことあったろ。
そこですかさずつかまえる。
またけとばされて、今度《こんど》は悪《わる》い目《め》にあうからね。十分間《ぶんかん》おさえておけばだいじょうぶ。
ヒヒン
これで安心《あんしん》してくらせる。
よろしくたのむよ。
お〜い、あとかたづけ。
まだかたづけてないの!!

ぼくじゃないのに。
馬《うま》を返《かえ》せ!!
このまんが、
しずちゃんが読《よ》みたがってたんだ。
ほ〜、
おもしろそうだな。
かりていくぜ。
はやくけとばしてくれ。
パカ
これでいいことがあるはずだが
……。
勉強《べんきょう》もしないでまんがばっかり読《よ》んで!!
ドサドサドサ

ぼくの本《ほん》があるぞ。
もう返《かえ》らないものとあきらめてたのに。
残《のこ》りもみんな友《とも》だちからかりっぱなしの本《ほん》だ。
返《かえ》してやったらよろこぶよ。
パカパッ
パカパッ
おっと!
ヒラリ
つかまえなくちゃいけないんだ。
すばしっこいな!!
パカパッ
パカパッ
案外《あんがい》にぶいんだね。
とり返《かえ》してくれたの!?
ありがとう。

夢《ゆめ》じゃないかしら。
サンキュー。
どうもありがとう。
しあわせ。
ろくなところへこない。
そいつをつかまえて。
とても無理《むり》よ。
外《そと》へださないでよ。
少《すく》なくとも十分間《ぶんかん》。

馬《うま》と関係《かんけい》なく悪《わる》いことにあうんだなあ。
ワン
ワン
ワン
けとばしてくれ！はやく!!
パカパッ
パカパッ
かんじんの時《とき》に役《やく》に立《た》たないやつめ!!
ガツン
馬《うま》と関係《かんけい》なく、
悪《わる》いことばっかり。
はやくはやく!!
パカパッ
パカパッ
パカパッ
パカパッ

もうあんなやつのせわになどなるもんか。
さっきのお礼《れい》に、
新《あたら》しいまんがをかしてやるよ。
るすにしてて悪《わる》かったね。
少《すく》ないけどおこづかいあげよう。
だからいったろ。悪《わる》いことばっかりつづくもんじゃないって。
パカパッ
パカパッ
はやくなんとかしてえ!!

人間《にんげん》万事《ばんじ》塞翁《さいおう》が馬《うま》

いいことも悪《わる》いことも
あるのが人生《じんせい》さ

まんがに出《で》てきたひみつ道具《どうぐ》の「サイオー馬《ば》」は、**「人間《にんげん》万事《ばんじ》塞翁《さいおう》が馬《うま》」**という、中国《ちゅうごく》で生《う》まれた言葉《ことば》からつけられたものなんだよ。

まんがのなかでは、悪《わる》いことの後《あと》にはいいことが起《お》こり、いいことの後《あと》には悪《わる》いことが起《お》こり……だったね。「人間《にんげん》万事《ばんじ》塞翁《さいおう》が馬《うま》」は、まさにそういう意味《いみ》の言葉《ことば》なんだ。

短《みじか》くして**「塞翁《さいおう》が馬《うま》」**と言《い》われることもあるこの言葉《ことば》は、次《つぎ》のような中国《ちゅうごく》のお話《はなし》がもとになってできたものなんだ。

昔《むかし》、中国《ちゅうごく》の北《きた》のとりでの近《ちか》くに、占《うらな》いが得意《とくい》な老人《ろうじん》がいた。これが塞翁《さいおう》だ。

あるとき、塞翁《さいおう》の馬《うま》が、胡《こ》という、とりでの向《む》こうの地方《ちほう》に逃《に》げてしまった。

まわりの人《ひと》が「馬《うま》が逃《に》げてしまって、お気《き》の毒《どく》です」と塞翁《さいおう》をなぐさめに行《い》ったら、

「これが幸《さいわ》いにつながらないともかぎりませんぞ」と笑《わら》っていた。みんなは、馬《うま》をなくしたのにどうして幸《さいわ》いなんだろうと、ふしぎに思《おも》ったんだ。

すると数《すう》か月後《げつご》、逃《に》げた馬《うま》が、胡《こ》から立派《りっぱ》な馬《うま》を連《つ》れて帰《かえ》ってきたんだ。人々《ひとびと》は、これが幸《さいわ》いだったのだとわかり、「よかったですね」とお祝《いわ》いを言《い》いに行《い》った。すると塞翁《さいおう》は、「これが災《わざわ》いにつながらないともかぎりません」と暗《くら》い顔《かお》をしていた。

胡《こ》から来《き》た馬《うま》のおかげで、塞翁《さいおう》の家《いえ》にはいい馬《うま》が増《ふ》え、塞翁《さいおう》の息子《むすこ》は乗馬《じょうば》が好《す》きになった。でも、あるとき、馬《うま》から落《お》ちて足《あし》の骨《ほね》を折《お》ってしまったんだ。

いい馬《うま》が増《ふ》えたことが、足《あし》を折《お》るという災《わざわ》いにつながってしまったんだね。人々《ひとびと》がお見舞《みま》いに行《い》くと、塞翁《さいおう》は、「いや、これが幸《さいわ》いにつながらないともかぎりませんぞ」と言《い》い、人々《ひとびと》はまたふしぎに思《おも》ったんだ。

それから一年《いちねん》がたったとき、とりでに胡《こ》の民族《みんぞく》が攻《せ》めてきて、戦争《せんそう》になった。成人《せいじん》している男子《だんし》は弓《ゆみ》を引《ひ》いて戦《たたか》い、十人中九人《じゅうにんちゅうきゅうにん》が、戦《たたか》いで亡《な》くなってしまったんだ。

でも塞翁《さいおう》の息子《むすこ》は、足《あし》の骨《ほね》を折《お》っていたために、戦争《せんそう》に行《い》かなくてすんだんだ。そして、塞翁《さいおう》も息子《むすこ》も生《い》き残《のこ》ることができたんだよ。

この話《はなし》は、中国《ちゅうごく》が前漢《ぜんかん》という国《くに》だった、紀元前二世紀《きげんぜんにせいき》（西暦一年《せいれきいちねん》より二〇〇〜一〇一年《ねん》前《まえ》）ごろに書《か》かれた、『淮南子《えなんじ》』という本《ほん》に載《の》っているものだ。

このなかで最後《さいご》に、

「このように、幸《さいわ》いが災《わざわ》いとなり、災《わざわ》いが幸《さいわ》いとなるが、この変化《へんか》は見極《みきわ》めることはできず、とてつもなく深《ふか》いものである」

と、作者《さくしゃ》は言《い》っている。

「人間万事塞翁が馬《にんげんばんじさいおううま》」というのは、いつ幸《さいわ》いが不幸《ふこう》になり、不幸《ふこう》が幸《さいわ》いになるかわからないように、人間《にんげん》の運命《うんめい》は予測《よそく》することなどできないという意味《いみ》だ。だから、いちいち悲《かな》しんだり喜《よろこ》んだりすることはないんだよ、ということを教《おし》えているんだ。

故事成語《こじせいご》とは、特《とく》にこのような昔《むかし》の中国《ちゅうごく》のできごとから生《う》まれた言葉《ことば》のことを言《い》う場合《ばあい》も多《おお》いんだよ。

ところで、「人間万事塞翁が馬《にんげんばんじさいおううま》」と同《おな》じ意味《いみ》を表《あらわ》すことわざがある。**「禍福《かふく》はあざなえる縄《なわ》のごとし」**というものだ。「あざなえる」とは、よりあわさっているという意味《いみ》だよ。

まんがの最初《さいしょ》のほうでドラえもんが言《い》っている「運命《うんめい》なんてものはこのナワのように

……、いいこと悪《わる》いことがからみあっているんだ」というのと同《おな》じ意味《いみ》なんだ。

だから、「気《き》を落《お》とさずまってれば、そのうちいいこともあるさ」なんだよ。

人生《じんせい》は、いつ、何《なに》が起《お》こるかわからない。生《い》きていれば、いいことも悪《わる》いことも、同《おな》じように起《お》こるものなんだ。

つらいことがあったら「人間万事塞翁が馬《にんげんばんじさいおうがうま》」という言葉《ことば》を思《おも》い出《だ》してみよう。今《いま》のつらいことが、明日《あした》には幸《しあわ》せにつながるかもしれないんだよ。

人間万事《にんげんばんじ》塞翁《さいおう》が馬《うま》

人《ひと》の幸《しあわ》せや不幸《ふこう》は予測《よそく》できないということ。

不幸《ふこう》が幸《さいわ》いに

五《ご》十《じっ》歩《ぽ》百《ひゃっ》歩《ぽ》

今《いま》に通《つう》じる二千年以上《にせんねんいじょう》前《まえ》の孟子《もうし》の教《おし》え

昔《むかし》の中国《ちゅうごく》でとても有名《ゆうめい》な思想家《しそうか》に、孟子《もうし》という人《ひと》がいる。孟子《もうし》は、紀元前四世紀《きげんぜんよんせいき》（西暦《せいれき》一年《いちねん》より四〇〇～三〇一年前《ねんまえ》）ごろの人《ひと》で、儒教《じゅきょう》という思想《しそう》の教《おし》えを広《ひろ》めた人物《じんぶつ》なんだ。

そんな孟子《もうし》の言葉《ことば》から生《う》まれた、今《いま》でもとてもよく使《つか》われる言葉《ことば》が、「**五《ご》十《じっ》歩《ぽ》百《ひゃっ》歩《ぽ》**」だ。

こんな話《はなし》からできた言葉《ことば》なんだよ。

孟子《もうし》が活躍《かつやく》した頃《ころ》の中国《ちゅうごく》は、戦国時代《せんごくじだい》といって、いくつかの国《くに》に分《わ》かれて争《あらそ》っている時《じ》代《だい》だった。その国《くに》の一《ひと》つ、梁《りょう》（魏《ぎ》）という国《くに》の恵王《けいおう》という王様《おうさま》が、孟子《もうし》にたずねた。

「自分《じぶん》は近《ちか》くのほかの国《くに》より、国民《こくみん》のことを思《おも》っていい政治《せいじ》を行《おこな》っているのに、どうして自分《じぶん》の国《くに》にもっと人《ひと》が集《あつ》まってこないのだろう」

すると孟子《もうし》が、恵王《けいおう》に、こうたずねた。

「戦場《せんじょう》で、五十歩逃《ごじっぽに》げて立《た》ち止《ど》まった者《もの》と、百歩逃《ひゃっぽに》げて立《た》ち止《ど》まった者《もの》がいました。五十《ごじっ》歩逃《ぽに》げた者《もの》が百歩逃《ひゃっぽに》げた者《もの》を、おくびょう者《もの》だと笑《わら》ったら、どう思《おも》いますか？」

「それはおかしい。五十歩《ごじっぽ》でも百歩《ひゃっぽ》でも、逃《に》げたことには変《か》わりないだろう」

恵王《けいおう》がこう答《こた》えると、孟子《もうし》が言《い》った。

「王様《おうさま》がそれをわかっていらっしゃるなら、自分《じぶん》の国《くに》に、ほかの国《くに》よりたくさんの人《ひと》が来《く》ると思《おも》ってはいけません」

そう言《い》って、今《いま》の恵王《けいおう》の政治《せいじ》が、実《じつ》はほかの国《くに》と変《か》わらないことに気付《きづ》かせ、もっと人《ひと》の心《こころ》をつかむような、ていねいな政治《せいじ》をすることが大事《だいじ》だということを教《おし》えたんだ。

この話《はなし》から、「五十歩百歩《ごじっぽひゃっぽ》」は、少《すこ》しのちがいはあっても、本質《ほんしつ》は変《か》わらないという意《い》味《み》を表《あらわ》す言葉《ことば》になったんだ。たとえば、

「テストの点数《てんすう》が50点《てん》のA《エー》くんが40点《てん》のB《ビー》くんに自慢《じまん》しているけど、五十歩百歩《ごじっぽひゃっぽ》だね」というように、どっちもたいしたことがないときに使《つか》われるよ。

このほかにも孟子《もうし》の言葉《ことば》から生《う》まれた、よく使《つか》われる四字熟語《よじじゅくご》もたくさんある。

たとえば、**「自暴自棄《じぼうじき》」**という言葉《ことば》。自分《じぶん》のことがいやになって、もうどうでもいいや、

なんて思《おも》ってやけくそになることだ。

きみも、うまくいかないことや、つらいことがあったりして、自分《じぶん》で自分《じぶん》のことがいやになり、「自暴自棄《じぼうじき》になっちゃいそう！」なんて思《おも》ったこと、あるんじゃないかな？

そんなときは、孟子《もうし》のこの教《おし》えを思《おも》い出《だ》そう。

「自分《じぶん》で自分《じぶん》をダメにしてしまう者《もの》（自暴者《じぼうしゃ》）とは、いっしょに語《かた》り合《あ》うことはできない。自分《じぶん》で自分《じぶん》を見《み》すててしまう者《もの》（自棄者《じきしゃ》）とは、いっしょにものごとを行《おこな》うことはできない。口《くち》を開《ひら》けば礼儀《れいぎ》を非難《ひなん》するようなことを自暴《じぼう》といい、自分《じぶん》には仁義《じんぎ》をもって行動《こうどう》をすることはできないということを自棄《じき》というのだ」

そしてそれは、

「安全《あんぜん》な家《いえ》に住《す》まず、正《ただ》しい道《みち》を通《とお》らないようなものだ。なんと情《なさ》けないことだろう」

自暴自棄《じぼうじき》になりそうになったら、それは情《なさ》けないことだと思《おも》い直《なお》して、今《いま》の自分《じぶん》にできることは何《なん》だろうと、よく考《かんが》えてみることが大切《たいせつ》なんだね。

もう一《ひと》つ、孟子《もうし》の言葉《ことば》から生《う》まれた、よく使《つか》われる四字熟語《よじじゅくご》に**「斎戒沐浴《さいかいもくよく》」**がある。

神様《かみさま》をまつる行事《ぎょうじ》など、神聖《しんせい》なことの前《まえ》に、食事《しょくじ》や行動《こうどう》をつつしんで、髪《かみ》の毛《け》や体《からだ》を水《みず》で洗《あら》って心身《しんしん》を清《きよ》めるという意味《いみ》だけど、政治家《せいじか》などが、大事《だいじ》なことを行《おこな》う前《まえ》に、「斎戒《さいかい》沐浴《もくよく》してことに当《あ》たる」などと言《い》うこともあるよ。

孟子《もうし》は、「どんなに美人《びじん》でも体《からだ》がきたなければきらわれ、みにくい人《ひと》でも斎戒沐浴《さいかいもくよく》して心身《しんしん》をきれいにした人《ひと》なら、天《てん》の帝《みかど》にも受《う》け入《い》れられるだろう」と言《い》っている。

美人《びじん》のような、もって生《う》まれた美《うつく》しさに左右《さゆう》されるものではなく、後《あと》から身《み》につけた心《こころ》の美《うつく》しさが大切《たいせつ》だと教《おし》えているんだよ。

五十歩百歩《ごじっぽひゃっぽ》

少《すこ》しの違《ちが》いはあっても、本質《ほんしつ》はたいして変《か》わらないこと。

かなり違《ちが》う
百点《ひゃくてん》!! さすが出木杉《できすぎ》、すごいなあ。
へへ～ん。ぼくと似《に》たりよったりだね。
なんだ、五十点《ごじってん》じゃないか。
五十歩《ごじっぽ》百歩《ひゃっぽ》って言《い》うだろ?
テストでの五十点差《ごじってんさ》は大《おお》きいんじゃないかな。

杞憂《きゆう》

ふだんづかいの言葉《ことば》にも意外《いがい》な由来《ゆらい》がある

漢字《かんじ》で書《か》くとむずかしいけど、ふつうの会話《かいわ》のなかで、とてもよく使《つか》われている言葉《ことば》だ。

たとえば、新学年《しんがくねん》になってクラス替《が》えがあるとき。「新《あたら》しいクラスで友達《ともだち》ができなかったらどうしよう」なんて思《おも》っていたら、すぐに友達《ともだち》ができた。そんなとき、「ぼくの心配《しんぱい》は杞憂《きゆう》に終《お》わった」などという使《つか》い方《かた》をするよ。

「杞憂《きゆう》」は、「取《と》り越《こ》し苦労《ぐろう》」と同《おな》じ意味《いみ》。心配《しんぱい》してもしかたがないことを心配《しんぱい》することを言《い》うよ。そして、「杞憂《きゆう》に終《お》わった」とか「杞憂《きゆう》だった」などと、心配《しんぱい》したけど何《なん》ともなかったときに使《つか》われることが多《おお》いよ。

この「杞憂《きゆう》」という言葉《ことば》も、中国《ちゅうごく》のお話《はなし》から生《う》まれた言葉《ことば》だ。

今《いま》から二千年《にせんねん》以上前《いじょうまえ》のこと、中国《ちゅうごく》に「杞《き》」という国《くに》があった。その国《くに》の人《ひと》が、

「天《てん》が落《お》ちて来《き》て、大地《だいち》がくずれ落《お》ちたら、どこに行《い》けばいいんだろう」

と心配《しんぱい》していた。天《てん》が、家《いえ》の天井《てんじょう》みたいに柱《はしら》で支《ささ》えられていると思《おも》っていたんだ。

その人《ひと》は、心配《しんぱい》するあまり、寝《ね》ることも食事《しょくじ》することもできなくなってしまった。

それを見《み》かねて、別《べつ》の人《ひと》が言《い》い聞《き》かせた。

「天《てん》は『気《き》』の集《あつ》まりなんだ。いつもやっている体《からだ》の曲《ま》げ伸《の》ばしや呼吸《こきゅう》だって、天《てん》の中《なか》でやっているんだ。だから、天《てん》が落《お》ちてくるなんて心配《しんぱい》することはないんだよ」

「天《てん》が『気《き》』の集《あつ》まりだとしても、太陽《たいよう》や月《つき》や星《ほし》は落《お》ちてこないんでしょうか」

「太陽《たいよう》や月《つき》や星《ほし》もまた、『気《き》』の中《なか》で光《ひか》りかがやいているものだから、もし落《お》ちても、だれかにあたるなんてことはないんだよ」

すると、さらに心配性《しんぱいしょう》の人《ひと》が言《い》った。

「では、大地《だいち》はくずれないのでしょうか」

「大地《だいち》は土《つち》のかたまりで、世界中《せかいじゅう》の四方《しほう》にぎっしりと詰《つ》まっているんだ。いつも大地《だいち》の上《うえ》で飛《と》んだり跳《は》ねたりしているじゃないか。くずれるなんて心配《しんぱい》することはないんだよ」

心配《しんぱい》していた人《ひと》は、それでようやく安心《あんしん》してとても喜《よろこ》び、言《い》い聞《き》かせた人《ひと》もとても喜《よろこ》んだということだよ。

「杞憂《きゆう》」の「杞《き》」は国《くに》の名前《なまえ》、「憂《ゆう》」は心配《しんぱい》という意味《いみ》だったんだね。

こんなふうに、ふだんからよく使《つか》われる言葉《ことば》の故事成語《こじせいご》は、ほかにもいろいろあるよ。

たとえば、「きみのノートの取《と》り方《かた》は、ずさんだよ」と言《い》うようなときに使《つか》われる「ずさん」という言葉《ことば》。

漢字《かんじ》では「**杜撰**《ずさん》」と書《か》いて、いいかげんという意味《いみ》を表《あらわ》す故事成語《こじせいご》だ。

この言葉《ことば》の由来《ゆらい》はいろいろあるけど、次《つぎ》のようなお話《はなし》が有名《ゆうめい》だよ。

中国《ちゅうごく》の宋《そう》という国《くに》に、杜黙《ともく》という詩人《しじん》がいた。

中国《ちゅうごく》の詩《し》は漢詩《かんし》といって、その形式《けいしき》には、五言絶句《ごごんぜっく》、七言律詩《しちごんりっし》など、いろいろなきまりがある。五言絶句《ごごんぜっく》は五文字《ごもじ》ごとにまとまって四行《よんぎょう》、七言律詩《しちごんりっし》は七文字《ななもじ》ごとにまとまって八《はち》行《ぎょう》、というようなものだ。

でも、杜黙《ともく》が作《つく》る詩《し》は、そんな漢詩《かんし》の形式《けいしき》に合《あ》わないものが多《おお》かったんだ。

「杜撰《ずさん》」の「杜」は、この杜黙《ともく》の「杜」からきているんだよ。

そして、「撰《さん》」は、詩《し》や文章《ぶんしょう》を作《つく》ったり編集《へんしゅう》するということ。

つまり、「杜撰《ずさん》」は、杜黙《ともく》が作《つく》った詩《し》、という意味《いみ》なんだ。これが形式《けいしき》に合《あ》わないことから、いいかげんでまちがいが多《おお》い詩《し》や文章《ぶんしょう》のことを表《あらわ》す言葉《ことば》になったと言《い》われているよ。そして、やがて詩《し》や文章《ぶんしょう》以外《いがい》でも、いいかげんでまちがった行動《こうどう》や発言《はつげん》などに使《つか》われるようになったんだよ。

この「杞憂《きゆう》」や「杜撰《ずさん》」のように、日常生活《にちじょうせいかつ》やテレビなどで、とてもよく耳《みみ》にする言葉《ことば》も、意外《いがい》な由来《ゆらい》があるものだね。ほかにも、そんな言葉《ことば》がないか、探《さが》してみよう。

杞憂《きゆう》

心配《しんぱい》する必要《ひつよう》のないことを、あれこれ心配《しんぱい》すること。

もしものび太《た》が

ため息《いき》ついてどうしたの？
心配《しんぱい》で勉強《べんきょう》が手《て》につかないんだ。
もしぼくが百点《ひゃくてん》取《と》ったらクラス中《じゅう》大《おお》さわぎになると思《おも》うと……。
いいから宿題《しゅくだい》やりなよ。

矛盾《むじゅん》

たった二《ふた》つの漢字《かんじ》に、ふか〜い意味《いみ》がある

前《まえ》の項目《こうもく》の「杞憂《きゆう》」のような二字熟語《にじじゅくご》の漢字《かんじ》の故事成語《こじせいご》は、とてもたくさんある。そして、ふつうの会話《かいわ》のなかで使《つか》われているものも多《おお》いんだ。そんな言葉《ことば》を見《み》ていこう。

いつも、「どんなに急《いそ》いでいても、ろうかを走《はし》ってはいけません」と言《い》っている先生《せんせい》が、自分《じぶん》がろうかを走《はし》っていて、注意《ちゅうい》されたとき、「急《いそ》いでるんだからしょうがないでしょ！」と言《い》ったとしたら、みんな、どう思《おも》うかな。

この先生《せんせい》は、言《い》っていることとやっていることがちがうよね。こんなふうに、二《ふた》つの物事《ものごと》のつじつまが合《あ》わないことを、**「矛盾《むじゅん》」**と言《い》うんだ。

だから、この先生《せんせい》には、「先生《せんせい》、それは矛盾《むじゅん》しています」と言《い》ってあげよう。

この「矛盾《むじゅん》」という言葉《ことば》はとてもよく使《つか》われるものだけど、こんな話《はなし》から生《う》まれたんだ。

昔《むかし》の中国《ちゅうごく》の楚《そ》という国《くに》で、盾《たて》と矛《ほこ》を売《う》っている男《おとこ》がいた。盾《たて》というのは、戦《たたか》いのときに体《からだ》の前《まえ》に構《かま》えて敵《てき》の攻撃《こうげき》を防《ふせ》ぐ防具《ぼうぐ》のこと、矛《ほこ》というのは、やりのような柄《え》の長《なが》い武器《ぶき》で、突《つ》いて攻撃《こうげき》するものだよ。

その男《おとこ》が、盾《たて》を売《う》るときの売《う》り文句《もんく》は、

「この盾《たて》はとてもがんじょうだ。どんな武器《ぶき》もこの盾《たて》を突《つ》き通《とお》すことはできないよ」

また、矛《ほこ》を売《う》るときは、

「この矛《ほこ》はとてもするどいんだ。どんなものでも突《つ》き通《とお》せないものはないよ」

それを聞《き》いた人《ひと》がたずねた。

「では、あなたの矛《ほこ》であなたの盾《たて》を突《つ》いたら、どうなりますか？」

盾《たて》と矛《ほこ》を売《う》る男《おとこ》は、困《こま》って答《こた》えることができなかったんだ。

ここから、「矛《ほこ》」と「盾《たて》」でつじつまが合《あ》わないことを表《あらわ》す「矛盾《むじゅん》」という言葉《ことば》ができたんだよ。

この「矛盾《むじゅん》」と同《おな》じように、どちらを選《えら》ぶかという二《ふた》つの漢字《かんじ》が合《あ》わさってできた故事《こじ》成語《せいご》に、**「推敲《すいこう》」**というものがある。

作文《さくぶん》や詩《し》などを書《か》いたときに、もっとよくするために、よく考《かんが》えて何回《なんかい》も文章《ぶんしょう》を直《なお》すことがあるだろう。このことを、「推敲《すいこう》」と言《い》うんだ。

これも、昔《むかし》の中国《ちゅうごく》のお話《はなし》からできた言葉《ことば》だよ。

今《いま》から千二百年《せんにひゃくねん》ほど前《まえ》、中国《ちゅうごく》に唐《とう》という国《くに》があった時代《じだい》の話《はなし》だ。賈島《かとう》という名《な》の詩人《しじん》が、長安《ちょうあん》の都《みやこ》にやってきた。そのとき、ロバに乗《の》りながら、詩《し》を考《かんが》えていたんだ。そして、

「僧《そう》は推《お》す月下《げっか》の門《もん》（お坊《ぼう》さんが月明《つきあ》かりの下《した》で門《もん》を押《お》す）」

という句《く》を思《おも》いついた。でも、

「いや、『推《お》す』ではなくて『敲《たた》く』のほうがいいかな」

と思《おも》い直《なお》して、ロバに乗《の》ったまま、門《もん》を押《お》す（推《お》す）動作《どうさ》や、たたく（敲《たた》く）動作《どうさ》をして考《かんが》えてみたけど、決《き》められない。

考《かんが》えこんでいるうちに、政府《せいふ》のえらい役人《やくにん》の行列《ぎょうれつ》にぶつかってしまった。その役人《やくにん》が韓《かん》愈《ゆ》という文学者《ぶんがくしゃ》だ。

賈島《かとう》はあやまって、どうしてぶつかってしまったかという理由《りゆう》を話《はな》したんだ。すると韓《かん》

愈《ゆ》が言《い》った。

「それは、『敲《たた》く』のほうがよい」

そうして、韓愈《かんゆ》と賈島《かとう》は、馬《うま》とロバを並《なら》べて歩《ある》き、詩《し》について話《はな》し合《あ》ったのだった。

この「推《お》す」と「敲《たた》く」が合《あ》わさって、「推敲《すいこう》」という言葉《ことば》になったんだよ。

きみたちも作文《さくぶん》を書《か》いたら、この賈島《かとう》のようによく考《かんが》えて、「推敲《すいこう》」することが大切《たいせつ》だよ。ちょっと言葉《ことば》を変《か》えるだけで、ぐっと文章《ぶんしょう》がよくなることがあるからね。

矛盾《むじゅん》
二《ふた》つの物事《ものごと》が食《く》い違《ちが》い、つじつまが合《あ》わないこと。

蛇足《だそく》

やらなくていいことを
やっちゃう人《ひと》たち

演説《えんぜつ》や説明《せつめい》などをした人《ひと》が、最後《さいご》に「蛇足《だそく》ですが……」と言《い》って、付《つ》け足《た》しのようなことを言《い》うのを聞《き》いたことがないかな？

この「**蛇足**《だそく》」というのは、よけいなこと、という意味《いみ》で、よく使《つか》われる言葉《ことば》なんだ。

「蛇足《だそく》」の「蛇《だ》」は、は虫類《ちゅうるい》のヘビのこと。でも、どうしてヘビの足《あし》なんだろうね。

それは、こんなお話《はなし》から生《う》まれたからだよ。

その昔《むかし》、楚《そ》という国《くに》でのこと。楚《そ》は、中国《ちゅうごく》の戦国時代《せんごくじだい》にあった国《くに》で、前《まえ》の項目《こうもく》の「矛《む》盾《じゅん》」の舞台《ぶたい》でもある。故事成語《こじせいご》に、楚《そ》の国《くに》のお話《はなし》はよく出《で》てくるよ。

あるお祭《まつ》りの行事《ぎょうじ》のとき、召使《めしつか》いたちに、お酒《さけ》がふるまわれた。でも、そのお酒《さけ》の量《りょう》は、みんなで分《わ》けるには少《すく》なかったんだ。

そこで、召使《めしつか》いたちはみんなで相談《そうだん》した。

「それぞれ、ヘビの絵《え》を描《か》こう。いちばん最初《さいしょ》にヘビの絵《え》を描《か》き終《お》えた者《もの》が、この酒《さけ》を飲《の》むということにしようじゃないか」

こうして、みんなは、地面《じめん》にヘビの絵《え》を描《か》き始《はじ》めた。

最初《さいしょ》に絵《え》を描《か》き終《お》えた者《もの》が、

「ようし、この酒《さけ》はおれの物《もの》だな」

と、お酒《さけ》を飲《の》もうとしたけど、まわりを見渡《みわた》すと、まだみんな絵《え》を描《か》いている。

「なんだ、みんなおそいな。おれは余裕《よゆう》でヘビの足《あし》だって描《か》けるぞ」

と言《い》って、さかずきを手《て》にして、ヘビの絵《え》に足《あし》を付《つ》け足《た》したんだ。

すると、次《つぎ》に描《か》き終《お》えた者《もの》が、その絵《え》を見《み》て言《い》った。

「ヘビに足《あし》なんかないぞ。あなたの絵《え》は、ヘビの絵《え》じゃない！」

そうして、最初《さいしょ》に描《か》き終《お》えた男《おとこ》からさかずきをうばい、お酒《さけ》を飲《の》んだのだった。

最初《さいしょ》に描《か》き終《お》えた男《おとこ》は、よけいなもの（ヘビの足《あし》）を描《か》いたために、お酒《さけ》を飲《の》めなかったんだよ。

この話《はなし》は、『戦国策《せんごくさく》』という本《ほん》に載《の》っているもので、楚《そ》の国《くに》が斉《せい》という国《くに》を攻撃《こうげき》しようとしたときの両国《りょうこく》の会談《かいだん》で、たとえ話《ばなし》として使《つか》われたものだ。

斉《せい》の外交官《がいこうかん》が、楚《そ》の宰相《さいしょう》に対《たい》して、

「あなたはすでに出世《しゅっせ》して最高《さいこう》の地位《ちい》にいるのだから、さらに斉《せい》を攻《せ》めても、もうこれ以《い》上《じょう》は出世《しゅっせ》することはないでしょう。逆《ぎゃく》に、斉《せい》の攻撃《こうげき》に失敗《しっぱい》したら地位《ちい》が下《さ》がってしまいますよ。斉《せい》を攻《せ》めるのは、この話《はなし》のように、蛇足《だそく》（よけいなこと）ではないでしょうか」

と説得《せっとく》して、攻撃《こうげき》を思《おも》いとどまらせたんだ。

ここから、よけいなことを意味《いみ》する「蛇足《だそく》」という言葉《ことば》が生《う》まれたんだよ。

もうひとつ、やはり、不必要《ふひつよう》なことという意味《いみ》の言葉《ことば》を紹介《しょうかい》しよう。

「成長《せいちょう》を助長《じょちょう》する」などというときに使《つか》う「**助長**《じょちょう》」という言葉《ことば》。

今《いま》では、手助《てだす》けをしていい方向《ほうこう》にするという意味《いみ》で使《つか》われることも多《おお》いけど、もともとは、よけいなことをしてかえってダメにすることを表《あらわ》す言葉《ことば》なんだよ。

「何《なん》でもほめて、子《こ》どもの甘《あま》えを助長《じょちょう》する」なんていうのが、もともとの使《つか》い方《かた》だ。

これは、「助長抜苗《じょちょうばつびょう》」という言葉《ことば》が短《みじか》くなったものなんだ。

自分《じぶん》が植《う》えた苗《なえ》の成長《せいちょう》がおそいのを心配《しんぱい》していた農家《のうか》の男《おとこ》が、ある日《ひ》、こう言《い》った。

「ああ、疲《つか》れた。今日《きょう》は苗《なえ》の成長《せいちょう》を助《たす》けるために、苗《なえ》をひっぱってやったんだ」

それを聞《き》いた息子《むすこ》が、あわてて畑《はたけ》を見《み》に行《い》くと、苗《なえ》はすべて枯《か》れていたという。

苗《なえ》をひっぱるというよけいなことをしたため、根《ね》が抜《ぬ》けて、枯《か》れてしまったんだね。

ところで、最初《さいしょ》に出《で》た「蛇足《だそく》ですが……」というのは、謙遜《けんそん》して言《い》うときにも使《つか》われるけど、「蛇足《だそく》」にしても「助長《じょちょう》」にしても、よけいなことをしてしまうのが人間《にんげん》なんだね。

蛇足《だそく》
付《つ》け加《くわ》える必要《ひつよう》がない、よけいなもの。

やりすぎ
テスト中《ちゅう》
おや？野比《のび》くん、もうできたのか？
はい。
ついでに採点《さいてん》もしておきました。
……。

虎《とら》の威《い》を借《か》る狐《きつね》

トラはこわいぞ〜というのがよくわかる言葉《ことば》

ことわざとしてよく知《し》られているこの言葉《ことば》、「**虎《とら》の威《い》を借《か》る狐《きつね》**」とは、他人《たにん》の力《ちから》を借《か》りていばる人《ひと》のことを表《あらわ》すもの。これも、中国《ちゅうごく》の昔《むかし》の話《はなし》から生《う》まれた、故事成語《こじせいご》なんだよ。前《まえ》の項目《こうもく》の「蛇足《だそく》」と同《おな》じで、戦国時代《せんごくじだい》のお話《はなし》をまとめた『戦国策《せんごくさく》』という本《ほん》に出《で》ているものなんだ。こんなお話《はなし》だよ。

えものを見《み》つけては食《た》べていたトラが、あるときキツネをつかまえた。

すると、そのキツネが言《い》ったんだ。

「私《わたし》を食《た》べてはいけません。私《わたし》は神様《かみさま》の使《つか》いなのです。もし、あなたが私《わたし》を食《た》べたら、神《かみ》様《さま》にそむくことになりますよ」

さらに、

「信用《しんよう》できないなら、私《わたし》があなたの前《まえ》を歩《ある》いてみましょう。私《わたし》の後《うし》ろについてきて、見《み》ていてください。神様《かみさま》の使《つか》いの私《わたし》を見《み》ると、すべての動物《どうぶつ》たちが逃《に》げ出《だ》すことでしょう」

トラは、それではためしてみようと思《おも》い、キツネといっしょに歩《ある》いていった。すると、それを見《み》たほかの動物《どうぶつ》たちが、みんな逃《に》げていったんだ。

トラは、ほかの動物《どうぶつ》たちが、トラの自分《じぶん》を見《み》てこわがって逃《に》げたことに気付《きづ》かなかった。そして、キツネのことをこわがっていると思《おも》ったんだよ。

こうして、キツネはトラに食《た》べられなくてすんだんだ。

この話《はなし》から、このキツネのように、強《つよ》い者《もの》の力《ちから》を借《か》りてえらそうにする人《ひと》のことを、こう表《あらわ》すようになったんだよ。「威《い》」は、人《ひと》を恐《おそ》れさせるような力《ちから》ということだ。

たとえば、お父《とう》さんがお金持《かねも》ちでえらい人《ひと》だったり、お母《かあ》さんが有名人《ゆうめいじん》だったりするためにいばっている子《こ》がいたとしたら、それが「虎《とら》の威《い》を借《か》る狐《きつね》」だ。

こんな人《ひと》は、ほかの人《ひと》から見《み》たらとてもかっこ悪《わる》いものだから、きみたちは、そうならないで、自分自身《じぶんじしん》の力《ちから》で勝負《しょうぶ》できるようになろうね。

ところで、このように「虎《とら》」がつく故事成語《こじせいご》は、たくさんあるんだ。昔《むかし》の中国《ちゅうごく》には野生《やせい》のトラがたくさんいたから、トラは中国《ちゅうごく》の人《ひと》にとって身近《みぢか》なこわいものだったんだね。

ほかに、よく使《つか》われるのが、**「虎穴《こけつ》に入《い》らずんば虎子《こじ》を得《え》ず」**という言葉《ことば》。

「虎穴《こけつ》」とはトラの住《す》む穴《あな》のこと、「虎子《こじ》」とはトラの子《こ》どもという意味《いみ》で、危険《きけん》なところ（虎穴《こけつ》）に入《はい》らなければ、貴重《きちょう》なもの（虎子《こじ》）は得《え》られないということだ。

これは、今《いま》から二千年《にせんねん》ぐらい前《まえ》、中国《ちゅうごく》にあった後漢《ごかん》という国《くに》のお話《はなし》だよ。

班超《はんちょう》という後漢《ごかん》の軍人《ぐんじん》が、使者《ししゃ》として西域《せいいき》の国《くに》へ行《い》ったときのこと。

最初《さいしょ》は歓迎《かんげい》されていたのに、だんだん待遇《たいぐう》が悪《わる》くなってきた。

おかしいなと思《おも》ったら、そのとき、匈奴《きょうど》という、後漢《ごかん》と敵対《てきたい》する民族《みんぞく》も、その国《くに》にやってきていたことがわかったんだ。しかも、相手《あいて》は大勢《おおぜい》だった。

このままだと、匈奴《きょうど》に差《さ》し出《だ》されて殺《ころ》されてしまう、と思《おも》った班超《はんちょう》は、こわがっている部下《ぶか》に言《い》った。

「虎穴《こけつ》に入《い》らずんば虎子《こじ》を得《え》ずだ！　今《いま》、われわれにできることは、夜《よる》になったら匈奴《きょうど》の使者《ししゃ》の宿舎《しゅくしゃ》に火《ひ》をつけて攻《せ》めることだけだ。こちらが少人数《しょうにんずう》だと知《し》られなければ、必《かなら》ず恐《おそ》れて全滅《ぜんめつ》してくれるはずだ。この使者《ししゃ》をやっつければ、この国《くに》の人《ひと》に、後漢《ごかん》の力《ちから》を示《しめ》すことができるだろう」

そうして、班超《はんちょう》は匈奴《きょうど》の使者《ししゃ》をほろぼし、西域《せいいき》の国《くに》は後漢《ごかん》の言《い》うことを聞《き》くようになったんだよ。

この言葉《ことば》は、危険《きけん》をおかさなければ大《おお》きな成功《せいこう》はできない、という意味《いみ》。でも、この話《はなし》のような本当《ほんとう》に危険《きけん》なことではなく、時《とき》には思《おも》いきったことをすることも大切《たいせつ》だよ、ということだ。いくら成功《せいこう》するためだからと言《い》って、あぶないことをするのはやめようね。

虎《とら》の威《い》を借《か》る狐《きつね》
ほかの者《もの》の権力《けんりょく》にたよっていばる者《もの》のこと。

怒《ど》髪《はっ》天《てん》を衝《つ》く

怒《いか》り心頭《しんとう》！　のときは髪《かみ》の毛《け》が逆立《さかだ》つ!?

あまり耳慣《みみな》れない言葉《ことば》かもしれないけど、まんがなどではよく見《み》られる光景《こうけい》だ。

「怒髪《どはつ》、天《てん》を衝《つ》く」と分《わ》けて読《よ》むんだ。ものすごーく、怒《おこ》ることだよ。

「怒髪《どはつ》」というのは、怒《いか》りのあまりに逆立《さかだ》った髪《かみ》の毛《け》のこと。これが「天《てん》を衝《つ》く」んだ。

まんがで、ものすごく怒《おこ》った人《ひと》の髪《かみ》の毛《け》が逆立《さかだ》っている絵《え》を見《み》たことがないかな？　それが、「怒髪《どはつ》、天《てん》を衝《つ》く」の様子《ようす》だよ。

こんなものすごい怒《おこ》り方《かた》も、昔《むかし》のまじめな本《ほん》のなかのお話《はなし》に出《で》てくるんだ。

中国《ちゅうごく》の戦国時代《せんごくじだい》の話《はなし》。戦国時代《せんごくじだい》は、前《まえ》の項目《こうもく》でも出《で》てきたね。

趙《ちょう》という国《くに》の王様《おうさま》、恵文王《けいぶんおう》は「和氏《かし》の璧《たま》」という、すばらしい宝物《たからもの》を持《も》っていた。

「璧《たま》」というのは、宝石《ほうせき》で作《つく》られた装飾品《そうしょくひん》だ。

あるとき、秦《しん》という国《くに》の王様《おうさま》、昭王《しょうおう》が、この「和氏の璧《かしのたま》」を、十五《じゅうご》の城《しろ》（町《まち》）と交換《こうかん》しようと言《い》ってきた。

恵文王《けいぶんおう》はとても悩《なや》んだ。秦《しん》は大《おお》きな国《くに》なので、ことわって攻《せ》めて来《こ》られると、こわい。でも、宝物《たからもの》を渡《わた》すと、そのままだまし取《と》られそうな気《き》もする……。

そこで、藺相如《りんしょうじょ》という家来《けらい》が、秦《しん》の国《くに》へ使《つか》いに行《い》くことになった。

「もし、十五《じゅうご》の城《しろ》をもらえない場合《ばあい》は、この璧《たま》は必《かなら》ず守《まも》って帰《かえ》ります」

そうして、藺相如《りんしょうじょ》は秦《しん》の昭王《しょうおう》に会《あ》い、「和氏《かし》の璧《たま》」を渡《わた》した。昭王《しょうおう》は、宝物《たからもの》を手《て》に取《と》ってながめていたけど、十五《じゅうご》の城《しろ》の話《はなし》なんか、まったくしようとしない。

やはりだまされた、と思《おも》った藺相如《りんしょうじょ》は、

「王様《おうさま》、その璧《たま》には傷《きず》があります。どこにあるかお教《おし》えしましょう」

と、うそをついて宝物《たからもの》を取《と》り戻《もど》した。そして言《い》った。

「あなたの態度《たいど》はあまりにも失礼《しつれい》ではないか。だまし取《と》ろうとするのなら、今《いま》ここで、この璧《たま》も私《わたし》の頭《あたま》も、柱《はしら》にぶつけて割《わ》ってしまうぞ！」

このとき、藺相如《りんしょうじょ》の髪《かみ》の毛《け》は、怒《いか》りのあまりに逆立《さかだ》ち、かぶっていた冠《かんむり》をつきあげるほどだった。

あわてた昭王《しょうおう》は、十五《じゅうご》の城《しろ》と交換《こうかん》する話《はなし》を始《はじ》めて、その場《ば》はおさまった。

でも、やはり城《しろ》を渡《わた》す気《き》はないと思《おも》った藺相如《りんしょうじょ》は、ひそかにほかの者《もの》に璧《たま》を持《も》ち帰《かえ》らせた。そして、自分《じぶん》は死刑《しけい》になるつもりで、秦《しん》に残《のこ》っていたんだ。

これを知《し》った昭王《しょうおう》は、藺相如《りんしょうじょ》の立派《りっぱ》な態度《たいど》に感心《かんしん》して、結局《けっきょく》、璧《たま》も城《しろ》も交換《こうかん》しないということにして、藺相如《りんしょうじょ》を無事《ぶじ》に国《くに》に帰《かえ》らせたんだよ。

この話《はなし》からは、二《ふた》つの言葉《ことば》が生《う》まれている。

まず、最初《さいしょ》に出《で》た「怒髪天《どはってん》を衝《つ》く」。藺相如《りんしょうじょ》が怒《いか》りのセリフをはいたときの様子《ようす》からきた言葉《ことば》で、**「怒髪冠《どはつかんむり》を衝《つ》く」**ということもあるよ。

もう一《ひと》つは、**「完璧《かんぺき》」**という言葉《ことば》だ。

まったく欠点《けってん》がなくて完全《かんぜん》なことで、「テスト準備《じゅんび》はもうカンペキ！」などと使《つか》うよね。

これは、この話《はなし》に出《で》てくる宝物《たからもの》、「和氏《かし》の璧《たま》」のこと。

藺相如《りんしょうじょ》は、「璧《たま》」に傷一《きずひと》つつけずに、完全《かんぜん》な状態《じょうたい》で守《まも》ったね。ここから、傷一《きずひと》つない璧《たま》を「完璧《かんぺき》」といい、欠点《けってん》が何《なに》もないことを表《あらわ》す言葉《ことば》になったんだよ。

この話《はなし》は、『史記《しき》』という歴史《れきし》の本《ほん》のなかに書《か》かれている。この『史記《しき》』という本《ほん》からは、今《いま》も使《つか》われる言葉《ことば》がたくさん生《う》まれているんだ。

たとえば、「満《まん》を持《じ》して、登場《とうじょう》する」なんていうときの「**満《まん》を持《じ》す**」という言葉《ことば》。しっかり準備《じゅんび》を整《ととの》えて機会《きかい》を待《ま》つ、という意味《いみ》だけど、とてもよく使《つか》われる言葉《ことば》だ。

「満《まん》」とは弓《ゆみ》の弦《つる》をいっぱいに引《ひ》くことを表《あらわ》していて、「満《まん》を持《じ》す」は弓《ゆみ》の弦《つる》を引《ひ》いた状《じょう》態《たい》でいつでも戦《たたか》えるように待《ま》っているということなんだよ。準備《じゅんび》、整《ととの》いすぎだよね。

怒髪天《どはってん》を衝《つ》く

激《はげ》しい怒《いか》りのため、髪《かみ》の毛《け》が逆立《さかだ》つほどの様子《ようす》や表情《ひょうじょう》になること。

髪《かみ》を逆立《さかだ》てて

ドーン!
のび太《た》くん、朝《あさ》から何《なに》を怒《おこ》ってるの!?
怒《おこ》ってないよ。
ねぐせが直《なお》らなくて困《こま》ってんの!
ズルッ

漁夫《ぎょふ》の利《り》

苦労《くろう》しないで得《とく》をする、うらやましい言葉《ことば》

この言葉《ことば》のもとになったお話《はなし》も、中国《ちゅうごく》の戦国時代《せんごくじだい》のことなんだ。

前《まえ》の「怒髪天《どはってん》を衝《つ》く」の項目《こうもく》にも出《で》てきた、趙《ちょう》という国《くに》の恵文王《けいぶんおう》が、燕《えん》という国《くに》を攻《せ》めようとしていた。すると、その燕《えん》という国《くに》の蘇代《そだい》という人《ひと》が、恵文王《けいぶんおう》に言《い》ったんだ。

「今日《きょう》、私《わたし》がこちらに来《く》るときに、川《かわ》を通《とお》ってきました。そのときの話《はなし》をしましょう」

そして、こんな話《はなし》をした。

「川《かわ》で、貝《かい》がカラを開《ひら》いて日光浴《にっこうよく》をしていました。そこに、鳥《とり》のシギがやってきて、貝《かい》の肉《にく》を食《た》べようと、カラの中《なか》にくちばしを入《い》れて、貝《かい》の肉《にく》をつまんだのです。

すると、貝《かい》はカラを閉《と》じて、逆《ぎゃく》にシギのくちばしをはさんでしまいました。

くちばしをはなしてほしいシギが、言《い》いました。

『このままだと、今日《きょう》、雨《あめ》が降《ふ》らず、明日《あした》も雨《あめ》が降《ふ》らなければ、おまえはひからびてしまい、死《し》んだ貝《かい》ができあがるだろうよ』

それに対《たい》して、肉《にく》をはなしてほしい貝《かい》が、シギに言《い》いました。

『私《わたし》がこのまま、おまえのくちばしをはなさないで、今日《きょう》もくちばしを出《だ》せず、明日《あした》もくちばしを出《だ》せなければ、おまえはおなかがすいて、死《し》んだシギができあがるだろうよ』

こうして、おたがいにゆずらず、両方《りょうほう》ともはさまれたままでじっとしていると、そこに漁師《りょうし》が通《とお》りかかって、貝《かい》もシギもつかまってしまったんですよ」

この話《はなし》をした後《あと》、蘇代《そだい》は言《い》った。

「今《いま》、趙《ちょう》は、わが国《くに》、燕《えん》を攻《せ》めようとしていますね。でも、そうして長《なが》い戦《たたか》いをして、両《りょう》国《こく》の国民《こくみん》がつかれてしまったとき、それをねらって大国《たいこく》の秦《しん》が、この話《はなし》の漁師《りょうし》のように、趙《ちょう》と燕《えん》の両方《りょうほう》をうばうことになってしまうんですよ。ですから、王様《おうさま》、燕《えん》を攻《せ》めることを、よくお考《かんが》えになってください」

これを聞《き》いた恵文王《けいぶんおう》は言《い》った。

「わかった」

そして、趙《ちょう》は燕《えん》を攻《せ》めることをやめたんだ。

「**漁夫《ぎょふ》の利《り》**」の「漁夫《ぎょふ》」というのは、漁師《りょうし》のことだよ。

この話《はなし》の漁師《りょうし》は、貝《かい》とシギが争《あらそ》っているときにやってきて、苦労《くろう》せずに両方《りょうほう》を手《て》に入《い》れたね。この漁師《りょうし》のように、だれかとだれかが争《あらそ》っているときに、別《べつ》の関係《かんけい》ない人《ひと》が利益《りえき》を得《え》ることを、「漁夫《ぎょふ》の利《り》」と言《い》うんだよ。

この「漁夫《ぎょふ》の利《り》」と同《おな》じ意味《いみ》の故事成語《こじせいご》があるよ。「**犬兎《けんと》の争《あらそ》い**」というものなんだ。

こちらは、犬《いぬ》とウサギの争《あらそ》いだ。

とても足《あし》の速《はや》い犬《いぬ》が、とても足《あし》の速《はや》いウサギを追《お》いかけた。そして、山《やま》のまわりを三回《さんかい》走《はし》り回《まわ》り、山《やま》を五回走《ごかいはし》り上《あ》がった。すると、ウサギは前《まえ》のほうでへばり、犬《いぬ》は後《うし》ろのほうでつかれ、二匹《にひき》とも死《し》んでしまったんだ。

そこに、農民《のうみん》が通《とお》りかかって、苦労《くろう》せずに二匹《にひき》ともつかまえたとさ。

この話《はなし》も「漁夫《ぎょふ》の利《り》」と同《おな》じように、戦争《せんそう》をしようとした人《ひと》を止《と》めるための、たとえ話《ばなし》として語《かた》られているんだ。でも、こちらは、趙《ちょう》と燕《えん》の国《くに》ではなく、斉《せい》と魏《ぎ》という国《くに》の争《あらそ》いだよ。

こんなたとえ話《ばなし》で戦争《せんそう》をやめるなんて、昔《むかし》の王様《おうさま》たちは物《もの》わかりがいいんだね。

ところで、日本《にほん》のことわざにも、楽《らく》をして利益《りえき》を得《え》るという意味《いみ》の言葉《ことば》があるよ。**「濡《ぬ》れ手《て》で粟《あわ》」**という、よく使《つか》われる言葉《ことば》だ。

粟《あわ》というのは、穀物《こくもつ》の一種《いっしゅ》。濡《ぬ》れた手《て》で粟《あわ》をつかむと、粟《あわ》のつぶが手《て》にいっぱいついてくるんだ。だから、苦労《くろう》しないでたくさんの利益《りえき》を得《え》ることを表《あらわ》すんだよ。

中国《ちゅうごく》でも日本《にほん》でも、苦労《くろう》しないで得《とく》することを表《あらわ》す言葉《ことば》があるんだね。

漁夫《ぎょふ》の利《り》
両者《りょうしゃ》が争《あらそ》っている間《あいだ》に、ほかの者《もの》が利益《りえき》を横取《よこど》りすること。

パパの利《り》

残《のこ》ったおもちが一個《いっこ》。

ぼくのだ!

ぼくの!!

なんだ、残《のこ》しちゃってもったいない……。

あ。

パク

蛍雪《けいせつ》の功《こう》

「蛍《ほたる》の光《ひかり》」の歌《うた》のもとになったお話《はなし》

卒業式《そつぎょうしき》などでよく歌《うた》われる、「蛍《ほたる》の光《ひかり》」という歌《うた》を知《し》っているかな？

「蛍《ほたる》の光《ひかり》」で始《はじ》まり、「窓《まど》の雪《ゆき》」と続《つづ》く歌詞《かし》の歌《うた》だよ。

この歌詞《かし》も、中国《ちゅうごく》の故事成語《こじせいご》から来《き》たものなんだ。こんなお話《はなし》だよ。

中国《ちゅうごく》を、晋《しん》という国《くに》が統一《とういつ》していた時代《じだい》、今《いま》から千六百年《せんろっぴゃくねん》ぐらい前《まえ》に、車胤《しゃいん》という人《ひと》がいた。車胤《しゃいん》は、とてもまじめによく勉強《べんきょう》する人《ひと》で、物知《ものし》りだった。

でも、家《いえ》が貧《まず》しいために、明《あ》かりをつけるための油《あぶら》が買《か》えなかったんだ。

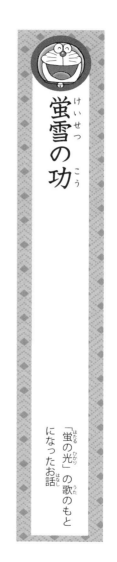

大昔《おおむかし》は電気《でんき》がないし、ろうそくも高級《こうきゅう》なものだった。だから、ふつうは油《あぶら》を燃《も》やして明《あ》かりをつけていたんだよ。だけどその油《あぶら》も買《か》えないから、夜《よる》は暗《くら》いままだ。

そこで車胤《しゃいん》は、夏《なつ》になると蛍《ほたる》をたくさんつかまえて、うすい袋《ふくろ》の中《なか》に入《い》れた。そして、蛍《ほたる》が出《だ》す明《あ》かりで本《ほん》を照《て》らして、夜《よる》も勉強《べんきょう》をしたんだ。

また、同《おな》じころに孫康《そんこう》という人《ひと》がいた。孫康《そんこう》も家《いえ》が貧《まず》しくて、やはり油《あぶら》が買《か》えなかった。

そのため、孫康《そんこう》は、冬《ふゆ》の夜《よる》、窓辺《まどべ》の雪明《ゆきあ》かりで照《て》らして、本《ほん》を読《よ》んだんだ。

雪明《ゆきあ》かりというのは、積《つ》もった雪《ゆき》が月《つき》の明《あ》かりを反射《はんしゃ》してまわりが明《あか》るくなるものだけど、とてもうすい明《あ》かりだから、本《ほん》を読《よ》むのもたいへんなはず。

こうして、勉強《べんきょう》をつづけた車胤《しゃいん》と孫康《そんこう》は、二人《ふたり》とも、大人《おとな》になると立派《りっぱ》な役人《やくにん》になって、活躍《かつやく》したんだよ。

「蛍雪《けいせつ》の功《こう》」の「蛍雪《けいせつ》」は、蛍《ほたる》と雪《ゆき》の明《あ》かりのこと、「功《こう》」は成功《せいこう》とか功績《こうせき》という意味《いみ》だ。

ここから、「蛍雪《けいせつ》の功《こう》」というのは、苦労《くろう》して勉強《べんきょう》して、成果《せいか》をあげることをさすようになったんだよ。

つまり「蛍《ほたる》の光《ひかり》」の最初《さいしょ》の歌詞《かし》は、「蛍《ほたる》の光《ひかり》」と「窓《まど》の雪《ゆき》」で「文《ふみ》（本《ほん》）を読《よ》む」というもので、一生懸命《いっしょうけんめい》勉強《べんきょう》したということを表《あらわ》しているんだよ。

このように、苦労《くろう》して勉強《べんきょう》するという意味《いみ》の故事成語《こじせいご》は、ほかにもたくさんあるんだ。

たとえば、**「円木警枕《えんぼくけいちん》」**という言葉《ことば》。

これは、今《いま》から千年《せんねん》ほど前《まえ》の中国《ちゅうごく》にあった北宋《ほくそう》という国《くに》にいた、司馬光《しばこう》という人《ひと》が、丸《まる》太《た》をまくらにして寝《ね》ていたという話《はなし》から来《き》たものだ。

まくらが丸太《まるた》だと、転《ころ》がってしまうから、すぐに目《め》がさめてしまい、よく眠《ねむ》れないよね。

こうして、深《ふか》く眠《ねむ》ると目《め》がさめるようにして、眠《ねむ》る時間《じかん》を惜《お》しんで勉強《べんきょう》したというんだ。

「円木《えんぼく》」は丸太《まるた》、「警枕《けいちん》」は眠《ねむ》りすぎないようにするまくら、という意味《いみ》だ。

まくらはよく眠《ねむ》るためのものなのに、眠《ねむ》らないためのまくらなんて、いやだよね。

司馬光《しばこう》は、『資治通鑑《しじつがん》』という歴史書《れきししょ》を作《つく》ったことで有名《ゆうめい》な学者《がくしゃ》で、すぐれた政治家《せいじか》だ。

でも、もっとすごいのが、**「懸頭刺股《けんとうしこ》」**という言葉《ことば》だ。

これも、昔《むかし》の中国《ちゅうごく》の勉強家《べんきょうか》の人《ひと》たちの話《はなし》だけど、すさまじいよ。

孫敬《そんけい》という人《ひと》は、天井《てんじょう》からぶら下《さ》げた縄《なわ》を首《くび》にかけて勉強《べんきょう》した。眠《ねむ》ると縄《なわ》が首《くび》をしめるから、勉強中《べんきょうちゅう》に眠《ねむ》らないようにしたというんだよ。

また、蘇秦《そしん》という人《ひと》は、勉強中《べんきょうちゅう》に眠《ねむ》くなると、キリで自分《じぶん》の太《ふと》ももを刺《さ》して、眠気《ねむけ》をさましたというんだ。

「懸頭《けんとう》」は縄《なわ》に頭《あたま》をかけること、「刺股《しこ》」は太《ふと》ももを刺《さ》す、という意味《いみ》で、この二人《ふたり》の伝《でん》説《せつ》からできた言葉《ことば》なんだよ。ここまでくると、勉強《べんきょう》も命《いのち》がけだね。

でも、そうまでして勉強《べんきょう》しなければいけなかったのは、昔《むかし》の中国《ちゅうごく》では、役人《やくにん》になる試験《しけん》がとてもむずかしかったため。

役人《やくにん》になるための試験《しけん》は、競争率《きょうそうりつ》が高《たか》いけど、試験《しけん》に合格《ごうかく》すると、超《ちょう》エリートになって、いい暮《く》らしもできるんだ。そのため、必死《ひっし》で勉強《べんきょう》したんだよ。

それでも、せめて「蛍雪《けいせつ》の功《こう》」ぐらいでやめておくのがいいかもしれないね。

蛍雪《けいせつ》の功《こう》
苦労《くろう》して勉強《べんきょう》した成果《せいか》のこと。

李下《りか》に冠《かんむり》を正《ただ》さず

疑《うたが》われないようにするのが大切《たいせつ》なのだ

むずかしい言葉《ことば》だけど、ニュースなどで耳《みみ》にしたことがある人《ひと》もいるんじゃないかな？総理大臣《そうりだいじん》が国会《こっかい》で言《い》ったこともあって、有名《ゆうめい》になった言葉《ことば》だ。

「李下《りか》に冠《かんむり》を正《ただ》さず」は、誤解《ごかい》されるようなことをしないように気《き》をつけよう、という意《い》味《み》の、中国《ちゅうごく》から来《き》た言葉《ことば》なんだ。「正《ただ》さず」は「整《ただ》さず」とも書《か》くよ。

「李下《りか》」の「李《り》」というのは、くだもののスモモのこと。「スモモもモモもモモのうち」という早口言葉《はやくちことば》があるでしょ。そのスモモだけど、モモとは種類《しゅるい》が違《ちが》うんだって。

「冠《かんむり》」というのは、ヨーロッパの王様《おうさま》がかぶるきらきらした冠《かんむり》とはちょっと違《ちが》って、昔《むかし》の中国《ちゅうごく》の冠《かんむり》のこと。帽子《ぼうし》のようなもので、王様《おうさま》じゃなくてもかぶっていたんだ。

「冠《かんむり》を正《ただ》さず」は、冠《かんむり》をかぶり直《なお》さない、ということ。

スモモの木《き》の下《した》で冠《かんむり》をかぶり直《なお》すと、手《て》を頭《あたま》の上《うえ》にあげるから、スモモの実《み》を取《と》っているように見《み》えて、ドロボウと間違《まちが》えられるからやめよう、という意味《いみ》なんだよ。

この言葉《ことば》は、**「瓜田《かでん》に履《くつ》を納《い》れず、李下《りか》に冠《かんむり》を正《ただ》さず」**とセットで言《い》われることが多《おお》い。

「瓜田《かでん》」とは、ウリの畑《はたけ》ということだ。ウリはみんなも知《し》っている野菜《やさい》だね。

「履《くつ》」ははきもののくつのことで、ウリの畑《はたけ》でくつをはき直《なお》すと、ウリを盗《ぬす》んでいるんじゃないかと疑《うたが》われる、ということなんだ。

ウリにも早口言葉《はやくちことば》があるよ。「ウリ売《う》りがウリ売《う》りに来《き》て、ウリ売《う》り残《のこ》し売《う》り売《う》り帰《かえ》るウリ売《う》りの声《こえ》」というものだ。

どちらにも早口言葉《はやくちことば》があるのは偶然《ぐうぜん》だけど、おぼえやすいね。

これは、『古楽府《こがふ》』という、今《いま》から七百年《ななひゃくねん》ぐらい前《まえ》の中国《ちゅうごく》の詩集《ししゅう》のなかの「君子行《くんしこう》」という詩《し》に出《で》てくる言葉《ことば》だ。「君子《くんし》」というのは、人格《じんかく》が立派《りっぱ》な人《ひと》ということだよ。

「君子《くんし》は事件《じけん》が起《お》こる前《まえ》に未然《みぜん》に防《ふせ》ぎ、疑《うたが》われるようなことをしない。ウリの畑《はたけ》でくつをはき直《なお》したり、スモモの木《き》の下《した》で冠《かんむり》をかぶり直《なお》したりしないものだ」と書《か》かれているんだ。

ところで、この言葉《ことば》のもじりが出《で》てくる、日本《にほん》の落語《らくご》があるんだよ。

『風呂敷《ふろしき》』という落語《らくご》だ。こんな話《はなし》だよ。

亭主《ていしゅ》が留守《るす》のときに、おかみさんの幼《おさな》なじみの男友達《おとこともだち》が遊《あそ》びにきて、なかよく話《はなし》をしていると、亭主《ていしゅ》がお酒《さけ》を飲《の》んで帰《かえ》ってきた。でも、この亭主《ていしゅ》はとてもヤキモチやき。男友達《おとこともだち》と二人《ふたり》でいたら、すごく怒《おこ》るかもしれない。

そこで、おかみさんは、幼《おさな》なじみの男《おとこ》を押《お》し入《い》れに隠《かく》したんだ。ところがよっぱらった亭主《ていしゅ》は、その押《お》し入《い》れの前《まえ》で寝《ね》こんでしまった。

困《こま》ったおかみさんは、兄貴分《あにきぶん》に相談《そうだん》した。

兄貴分《あにきぶん》はおかみさんの話《はなし》を聞《き》くと、風呂敷《ふろしき》を持《も》ってきて、亭主《ていしゅ》とうまく話《はなし》をしながら、風呂敷《ふろしき》を亭主《ていしゅ》の顔《かお》に巻《ま》き付《つ》ける。

その間《あいだ》に、まんまと幼《おさな》なじみの男《おとこ》を押《お》し入《い》れから逃《に》がしてやるというお話《はなし》だ。

この落語《らくご》のなかで、兄貴分《あにきぶん》がおかみさんに、いろいろな教訓《きょうくん》を語《かた》るんだけど、これがいいかげんなもの。

「『おでんにくつをはかず』だ。おでんを食《く》うときにくつをはいていたら、おでん屋《や》のおやじが、こいつ、金《かね》を払《はら》わずに走《はし》って逃《に》げたら速《はや》いだろうなって心配《しんぱい》するだろう。そんな心配《しんぱい》をさせちゃいけないから、おでんを食《く》うときは、くつを脱《ぬ》ぐべきなんだ」

また、こんなことも言《い》う。

「『直《じか》に冠《かんむり》をかぶらず』と言《い》うだろう。これは、頭《あたま》に直《じか》に冠《かんむり》をかぶったら痛《いた》いだろうから、冠《かんむり》をかぶるときは、手《て》ぬぐいか何《なに》かしいてからかぶれっていう、親切《しんせつ》な言葉《ことば》なんだ」

この二《ふた》つの言葉《ことば》は、もちろん、「瓜田《かでん》に履《くつ》を納《い》れず」「李下《りか》に冠《かんむり》を正《ただ》さず」のだじゃれ。

こんな元《もと》ネタを知《し》っていれば、落語《らくご》もより味《あじ》わい深《ぶか》くおもしろくなりそうだね。

李下《りか》に冠《かんむり》を正《ただ》さず

人《ひと》から疑《うたが》われるような行《おこな》いは、避《さ》けるべきであるということ。

疑《うたが》われたくない
もし、ぼくが算数《さんすう》のテストで百点《ひゃくてん》取《と》ったらどう思《おも》う？
そりゃあ、カンニングしたと思《おも》うかもな。
でしょー！
だから、疑《うたが》われないためにいつも0点《てん》なんだ。
勉強《べんきょう》できないだけだろ。よく言《い》うよ。

三《さん》顧《こ》の礼《れい》

『三国志《さんごくし》』から生《う》まれた有名《ゆうめい》な言葉《ことば》

『三国志《さんごくし》』というお話《はなし》を知《し》っているかな？

今《いま》から千八百年《せんはっぴゃくねん》ほど前《まえ》、中国《ちゅうごく》では後漢《ごかん》という国《くに》がほろび、魏《ぎ》・呉《ご》・蜀《しょく》という三《みっ》つの国《くに》ができて、争《あらそ》った。その三国時代《さんごくじだい》と言《い》われる時代《じだい》のお話《はなし》だ。

中国《ちゅうごく》の羅貫中《らかんちゅう》という人《ひと》が書《か》いた『三国志演義《さんごくしえんぎ》』という物語《ものがたり》をもとにして、日本《にほん》でも、いろいろな『三国志《さんごくし》』の本《ほん》が書《か》かれているんだ。人気《にんき》ゲームにもなっているし、ドラマやまんがにもよく取《と》り上《あ》げられるから、聞《き》いたことがある人《ひと》もいることだろう。

この物語《ものがたり》のヒーローの一人《ひとり》に、劉備《りゅうび》という将軍《しょうぐん》がいた。

劉備《りゅうび》は、後漢《ごかん》で起《お》こった「黄巾《こうきん》の乱《らん》」という農民《のうみん》たちの反乱《はんらん》をおさめて名《な》をあげ、さらに権力《けんりょく》を強《つよ》めていこうとしていたんだ。

劉備《りゅうび》の部下《ぶか》には、関羽《かんう》、張飛《ちょうひ》など強《つよ》い者《もの》がいたけど、もっと戦《たたか》いを有利《ゆうり》に運《はこ》びたい。

「どこかにすぐれた軍師《ぐんし》はいないだろうか」

軍師《ぐんし》というのは、軍《ぐん》の戦略《せんりゃく》などを考《かんが》えて、将軍《しょうぐん》にアドバイスをする役割《やくわり》の人《ひと》だよ。

「それなら、諸葛孔明《しょかつこうめい》がいいでしょう」と、ある部下《ぶか》が言《い》った。

諸葛孔明《しょかつこうめい》は、まだ若《わか》く、名前《なまえ》もあまり知《し》られておらず、田舎《いなか》でのんびり暮《く》らしていた。

劉備《りゅうび》は、諸葛孔明《しょかつこうめい》に会《あ》うため、彼《かれ》の住《す》む田舎《いなか》へと足《あし》を運《はこ》んだ。でも、孔明《こうめい》は留守《るす》で会《あ》えなかった。そこで劉備《りゅうび》は、再《ふたた》び諸葛孔明《しょかつこうめい》の家《いえ》を訪《たず》ねたけど、二度目《にどめ》もまた、留守《るす》だった。

さらにもう一度《いちど》、劉備《りゅうび》は孔明《こうめい》を訪《たず》ねて、ようやく会《あ》うことができたんだ。

孔明《こうめい》は、自分《じぶん》に会《あ》うために三度《さんど》も来《き》てくれた劉備《りゅうび》に感激《かんげき》して部下《ぶか》になったんだよ。

「三顧《さんこ》の礼《れい》」とは、この劉備《りゅうび》の態度《たいど》のこと。ここから、目上《めうえ》の者《もの》が目下《めした》の者《もの》に対《たい》して、礼《れい》儀正《ぎただ》しくお願《ねが》いして、すぐれた人材《じんざい》を連《つ》れてくることを表《あらわ》す言葉《ことば》になった。

「三顧《さんこ》」というのは、三回訪《さんかいたず》ねるという意味《いみ》で、「三個《さんこ》」じゃないから注意《ちゅうい》してね。

諸葛孔明《しょかつこうめい》は、ひじょうにすぐれた軍師《ぐんし》だった。この孔明《こうめい》の働《はたら》きで、劉備《りゅうび》はどんどん勢力《せいりょく》を拡大《かくだい》し、蜀《しょく》という国《くに》をつくって、初代皇帝《しょだいこうてい》になったんだ。

この「三顧《さんこ》の礼《れい》」には、日本《にほん》でも有名《ゆうめい》な話《はなし》があるよ。戦国時代《せんごくじだい》の武将《ぶしょう》、豊臣秀吉《とよとみひでよし》の話《はなし》だ。豊臣秀吉《とよとみひでよし》は、一五八二年《ねん》に主人《しゅじん》の織田信長《おだのぶなが》を滅《ほろ》ぼした明智光秀《あけちみつひで》をやぶり、その後天下《ごてんか》を統一《とういつ》した人物《じんぶつ》だけど、これは、まだ信長《のぶなが》が生《い》きていたときのこと。

竹中半兵衛《たけなかはんべえ》というすぐれた武士《ぶし》がいた。信長《のぶなが》から、彼《かれ》を家来《けらい》に引《ひ》き入《い》れるように命令《めいれい》された秀吉《ひでよし》は、半兵衛《はんべえ》を訪《たず》ねたけど、二回《にかい》はことわられた。

そして、三回目《さんかいめ》。半兵衛《はんべえ》は秀吉《ひでよし》の熱意《ねつい》と才能《さいのう》を認《みと》めて、信長《のぶなが》ではなく、秀吉《ひでよし》の家来《けらい》になることを約束《やくそく》したんだ。

こうして、秀吉《ひでよし》は半兵衛《はんべえ》を「三顧《さんこ》の礼《れい》」でむかえたと伝《つた》えられているよ。

半兵衛《はんべえ》は、日本《にほん》の諸葛孔明《しょかつこうめい》と言《い》われるほど優秀《ゆうしゅう》だったけど、残念《ざんねん》ながら秀吉《ひでよし》の天下統一《てんかとういつ》を見《み》ることなく、病気《びょうき》で亡《な》くなってしまったんだ。

ところで、中国《ちゅうごく》で諸葛孔明《しょかつこうめい》を部下《ぶか》にむかえた劉備《りゅうび》は、孔明《こうめい》といつもいっしょにいた。

でも、劉備《りゅうび》の昔《むかし》からの部下《ぶか》だった関羽《かんう》と張飛《ちょうひ》は、それが気《き》に入《い》らない。

そんな二人《ふたり》に、劉備《りゅうび》は言《い》った。

「私《わたし》にとって、孔明《こうめい》がいることは、魚《さかな》に水《みず》があるようなものなんだ」

魚《さかな》と水《みず》は決《けっ》して離《はな》れられないものだから、まるで夫婦《ふうふ》のような関係《かんけい》ということ。

でも、関羽《かんう》・張飛《ちょうひ》とは、男同士《おとこどうし》の義兄弟《ぎきょうだい》のような関係《かんけい》だ。だから、孔明《こうめい》と仲良《なかよ》くしても、おまえたちとの絆《きずな》は変《か》わらないから心配《しんぱい》するな、と劉備《りゅうび》は二人《ふたり》に言《い》ったんだよ。

ここから、**「水魚《すいぎょ》の交《まじ》わり」**という言葉《ことば》が生《う》まれている。これは、お互《たが》いになくてはならない、とても親《した》しくて仲《なか》のいい関係《かんけい》を表《あらわ》す言葉《ことば》として、よく使《つか》われるよ。

『三国志《さんごくし》』は、子《こ》ども向《む》けの本《ほん》も出《で》ているから、興味《きょうみ》のある人《ひと》は読《よ》んでみてね。

三顧《さんこ》の礼《れい》

目上《めうえ》の人《ひと》が、仕事《しごと》を頼《たの》みたい人《ひと》に、礼《れい》を尽《つ》くして交渉《こうしょう》すること。

桃源郷《とうげんきょう》

みんなが探《さが》し求《もと》めている、理想《りそう》の地《ち》

みんなが幸《しあわ》せで楽《たの》しく暮《く》らせて何《なん》の心配《しんぱい》もない、天国《てんごく》みたいな場所《ばしょ》があるとしたら……。行《い》けるものなら行《い》ってみたいよね。

それが「**桃源郷**《とうげんきょう》」。

現実《げんじつ》には存在《そんざい》しない理想《りそう》の世界《せかい》のことを、理想郷《りそうきょう》と言《い》うんだけど、「桃源郷《とうげんきょう》」はまさにそれ。西洋《せいよう》では、「**ユートピア**」と言《い》われるものだ。

この言葉《ことば》は、今《いま》から千六百年《せんろっぴゃくねん》ほど前《まえ》に、中国《ちゅうごく》の陶淵明《とうえんめい》という詩人《しじん》が書《か》いた『桃花源記《とうかげんき》』という物語《ものがたり》から生《う》まれたものだ。こんな不思議《ふしぎ》なお話《はなし》だよ。

一人《ひとり》の漁師《りょうし》が、あるとき、船《ふね》で川《かわ》を進《すす》んでいるときに、どこにいるのかよくわからなくなってしまった。どうやら迷《まよ》ってしまったようだ。

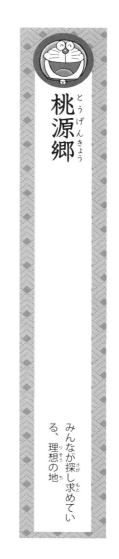

すると、突然《とつぜん》、川《かわ》の両岸《りょうぎし》にたくさんの桃《もも》の花《はな》が咲《さ》き乱《みだ》れる、美《うつく》しい林《はやし》が現《あらわ》れた。
漁師《りょうし》が桃《もも》の林《はやし》に沿《そ》ってさらに船《ふね》を進《すす》めて行《い》くと、一《ひと》つの山《やま》にたどり着《つ》いた。山《やま》には人《ひと》が
やっと通《とお》れるぐらいの穴《あな》が開《あ》いていて、漁師《りょうし》は船《ふね》を降《お》り、その穴《あな》に入《はい》ってみた。
穴《あな》を進《すす》んで着《つ》いたところは、美《うつく》しい農村《のうそん》だった。
家々《いえいえ》が並《なら》び、きれいな田《た》や池《いけ》、桑畑《くわばたけ》や竹《たけ》やぶがある。
村人《むらびと》は畑《はたけ》に種《たね》をまいていて、その服装《ふくそう》は漁師《りょうし》が見《み》たことのないものだったけど、老人《ろうじん》や
子《こ》どもたちもいて、みんな楽《たの》しそうにしている。
村人《むらびと》たちは、漁師《りょうし》を見《み》つけて、とてもおどろいた。そして言《い》うには、
「私《わたし》たちの先祖《せんぞ》は、昔《むかし》の戦争《せんそう》からのがれてこの地《ち》にやってきたのです。それ以来《いらい》、ずっと
ここで暮《く》らしています。ここは、世間《せけん》とまったくかけ離《はな》れた場所《ばしょ》なんですよ」
村人《むらびと》たちは、今《いま》の中国《ちゅうごく》の様子《ようす》や少《すこ》し前《まえ》の時代《じだい》のことなども、まったく知《し》らなかったんだ。
村人《むらびと》は漁師《りょうし》を歓迎《かんげい》して、お酒《さけ》や食事《しょくじ》をふるまい、いろいろな質問《しつもん》をした。
漁師《りょうし》は、村人《むらびと》たちにもてなされながら、そこで数日《すうじつ》を過《す》ごした後《のち》、自分《じぶん》のふるさとへ帰《かえ》
ることにした。

帰《かえ》り際《ぎわ》、村人《むらびと》は漁師《りょうし》に言《い》った。

「ここのことは、だれにも言《い》わないでくださいね」

漁師《りょうし》は船《ふね》で帰《かえ》るとき、この村《むら》にまた来《こ》られるよう、目印《めじるし》をつけていった。そして自分《じぶん》のふるさとに帰《かえ》ると、役所《やくしょ》に行《い》って、このことを報告《ほうこく》したんだ。

郡《ぐん》の長官《ちょうかん》は、漁師《りょうし》の案内《あんない》でその村《むら》へ行《い》こうとした。漁師《りょうし》は自分《じぶん》がつけた目印《めじるし》をたどっていったけど、結局《けっきょく》、村《むら》へ行《い》く道《みち》を見《み》つけることはできなかったんだ。

すると、この話《はなし》を聞《き》いた別《べつ》の男《おとこ》が、その村《むら》へ行《い》く計画《けいかく》を立《た》てた。でも、行《い》く前《まえ》に病気《びょうき》になって死《し》んでしまった。それ以来《いらい》、だれもその村《むら》へ行《い》こうとはしなくなったのだった……。

「桃源郷《とうげんきょう》」は、二度《にど》とは行《い》けないし、行《い》っちゃいけない場所《ばしょ》だったんだね。

この「桃源郷《とうげんきょう》」のように理想郷《りそうきょう》を表《あらわ》す言葉《ことば》は、世界中《せかいじゅう》にいろいろあるんだよ。

日本《にほん》では、「桃源郷《とうげんきょう》」の話《はなし》とよく似《に》た、**「隠《かく》れ里《ざと》」**という伝説《でんせつ》が各地《かくち》に残《のこ》っている。

また、作家《さっか》の宮沢賢治《みやざわけんじ》が作《つく》った言葉《ことば》、**「イーハトーブ」**もよく知《し》られている。これは、賢治《けんじ》のふるさとの「岩手県《いわてけん》」からできたと言《い》われ、賢治《けんじ》の心《こころ》の中《なか》の理想郷《りそうきょう》なんだよ。

「パラダイス（楽園《らくえん》）」という言葉《ことば》もよく使《つか》われる。美《うつく》しい南《みなみ》の島《しま》などを「地上《ちじょう》の楽園《らくえん》」

なんていうこともあるよ。

理想郷《りそうきょう》と似《に》たもので、黄金《おうごん》にあふれているという伝説《でんせつ》の地《ち》が「エル・ドラド（黄金郷《おうごんきょう》）」だ。アンデス山脈《さんみゃく》の奥地《おくち》にあると言《い》われて、昔《むかし》から大勢《おおぜい》の人《ひと》が探《さが》しているんだよ。

それと同《おな》じように、海賊《かいぞく》の財宝《ざいほう》がかくされていると言《い》われるのが、「宝島《たからじま》」。冒険小説《ぼうけんしょうせつ》のタイトルとして有名《ゆうめい》になった言葉《ことば》だけど、きみたちも行《い》ってみたいよね。

みんなが理想郷《りそうきょう》に憧《あこが》れるのは、決《けっ》して行《い》くことができない場所《ばしょ》だからかもしれないね。

桃源郷《とうげんきょう》
現実《げんじつ》には存在《そんざい》しない理想《りそう》の場所《ばしょ》。

夢《ゆめ》のよう

国中《くにじゅう》どこもかしこもドラ焼《や》きだらけの理想《りそう》の国《くに》!!
これぞまさに桃源郷《とうげんきょう》だよね!!
ドラえもん・・だけ、だよ。

故事成語《こじせいご》クイズ②の答《こた》え

68ページの答《こた》えは、❷の「秋《あき》」。

「三顧《さんこ》の礼《れい》」の項目《こうもく》に出《で》てきた、諸葛孔明《しょかつこうめい》の言葉《ことば》。

　劉備《りゅうび》の死後《しご》、後《あと》を継《つ》いだ息子《むすこ》の劉禅《りゅうぜん》は、立派《りっぱ》だった父《ちち》に比《くら》べてイマイチ。そこで孔明《こうめい》は、「今《いま》、わが国《くに》は**危急存亡《ききゅうそんぼう》の秋《とき》**ですが、みんながんばっているのだからあなたもしっかりしてください」と手紙《てがみ》を書《か》いたんだ。

　なぜ、「秋《あき》」かというと、秋《あき》は米《こめ》などの穀物《こくもつ》が収穫《しゅうかく》される、一年《いちねん》で最《もっと》も大切《たいせつ》な季節《きせつ》とされていたからと言《い》われるよ。

第《だい》三章《しょう》 日本《にほん》の故事成語《こじせいご》

いざ鎌倉《かまくら》

チョージャワラシベ

グローブがやぶけちゃった、新《あたら》しいのがほしいんだ。
だして!
だんだんえんりょがなくなってきたな。
ほしいからって、なんでもかんでもかんたんに手《て》に入《はい》ると思《おも》うのは、考《かんが》えがあまいぞ。
べつにかんたんに手《て》に入《い》れたいとは思《おも》わない、少《すこ》しはむずかしくてもいいよ。
ずうずうしいやつには、かなわん。
なんだあ、ただのワラか。
「チョージャワラシベ」だ。
これをもってうろうろしてるうちに、願《ねが》いがかなう。
一本使《ぽんつか》ってみせよう。
ぼくの願《ねが》いは…、ドラやきが食《た》べたい。
ドラやきは戸《と》だなにあるけど、
かってに食《た》べたらおこられるよ。

そのワラシベぼくにくれっ。
ムグムグ
ハー……、
ファー……。
ハックション
ああ、スッとした。
でそうででないくしゃみは、気分《きぶん》の悪《わる》いものだからね。
あのワラはなにかととりかえることになってるんだけど。
えっ、ほんと。
とりかえるったって……。
今《いま》なにも……。
そうだ！そこでひろったきれいなガラス玉《だま》をあげる。
あてがはずれたね。
いや、根気《こんき》よくやってれば、いつかドラやきになるんだ。
それよっ。
ドタドタ

つくったばかりのスーツのボタンがなくなって、こまっていたのよ。
戸《と》だなのドラやき食《た》べていいわよ。
な！
すごい！
ぼくののぞみはグローブだよ、グローブ。
それでうろうろ歩《ある》きまわればいいんだ。
根気《こんき》よくうろつくんだよ。
だけど、ほんとかなあ。だれかがこれとグローブをとりかえてくれるなんて。
あれかな？
チラ
チラ
なんのまね？
ちがうらしい。

しずちゃんは関係《かんけい》ないと思《おも》うけど…ねんのため。
なにかかんじない？
なにを？
ストローー？
そうそう！
こないだクリームソーダをのんだときたてかえた100円《えん》かえして。
あした！
ほんとにうまくいくのかね。
じれったくなってきた。
シャボン玉《だま》やりたいよう。
ストローをおっことすからいけないのよ。
まあ、どうもありがとう。
ワラシベがドロップ一こになった。
グローブまでにはまだまだだな。
あっ、グローブ待《ま》てっ。
コロ
コロ

ああ
あっ。
パク
カリカリ
ムシャムシャ
グローブを食《た》べちゃった!
?
なんだなんだ。
へえ、そりゃ悪《わる》いことしたな。
だけど、かわりにあげるものがなにもない。
これでももってってくれ。
グローブがとおくなった。
きみ、きみ。
紙《かみ》があったら、くれんかね。
おかげでたすかったよ。
これからだいじなとりひきにいくところだったんだ。
おくれたら大《おお》ぞんするところだった。
そうだ、なにかお礼《れい》をしよう。

スポーツ用品店《ようひんてん》の社長《しゃちょう》さんだった。
それをもらったの？
いいなあ。
そのワラシベおれにもよこせっ。
や、やるよっ、らんぼうしなくても。
おれはな、モデルガンがほしいんだ。
いいか!!モデルガンだぞ。
大《おお》いそぎでうろつこう。
ガン
亜原ハウス
モデル
はい、それがモデルガン。

おまけ

故事成語《こじせいご》クイズ③

得意《とくい》になって、えらそうにいばる人《ひと》のことを、ある妖怪《ようかい》の名前《なまえ》を使《つか》って、「○○になる」と言《い》うよ。どの妖怪《ようかい》になるのかな？

❶河童《かっぱ》になる
❷鬼《おに》になる
❸天狗《てんぐ》になる

答《こた》えは187ページにあるよ！

わらしべ長者《ちょうじゃ》

超《ちょう》ラッキーな昔話《むかしばなし》は、
みんなのあこがれ

　まんがに出《で》てきたひみつ道具《どうぐ》「チョージャワラシベ」は、「**わらしべ長者《ちょうじゃ》**」という言葉《ことば》から来《き》たもの。一本《いっぽん》のただのワラが、どんどんいろいろなものに変《か》わって、最後《さいご》にほしいものになるという、うらやましいひみつ道具《どうぐ》だね。

「わらしべ長者《ちょうじゃ》」というのは、日本《にほん》の民話《みんわ》から生《う》まれた言葉《ことば》なんだ。

「わらしべ」はワラのくずのこと、「長者《ちょうじゃ》」はお金持《かねも》ちのことだよ。

昔話《むかしばなし》の絵本《えほん》にもなっているから、知《し》っている人《ひと》もいるかもしれないね。こんなお話《はなし》だ。

ある男《おとこ》が、観音様《かんのんさま》に、お金持《かねも》ちにしてくださいとお願《ねが》いをすると、観音様《かんのんさま》が言《い》った。

「ここを出《で》て最初《さいしょ》につかんだ物《もの》がおまえを金持《かねも》ちにするだろう」

お寺《てら》を出《で》たところで男《おとこ》は転《ころ》び、一本《いっぽん》のワラ（ワラシベ）をつかんだんだ。

「こんなものが役《やく》に立《た》つのだろうか、でもまあ観音様《かんのんさま》の言《い》うことだから」

と、ワラを持《も》って歩《ある》いていると、アブが飛《と》んで来《き》てワラに止《と》まった。

男《おとこ》はアブをつかまえて、ワラにくくりつけて遊《あそ》びながら歩《ある》いていた。

すると、泣《な》いている男《おとこ》の子《こ》がいて、アブがついたワラがほしいと言《い》う。

あげると、男《おとこ》の子《こ》は泣《な》き止《や》み、お母《かあ》さんが感謝《かんしゃ》してミカンをくれた。

「ワラがミカンになったぞ」

また歩《ある》いていると、女《おんな》の人《ひと》が道《みち》ばたで、のどがかわいて水《みず》が飲《の》みたいと苦《くる》しんでいた。

「では、水《みず》のかわりにミカンをどうぞ」

ミカンを食《た》べて元気《げんき》になった女《おんな》の人《ひと》は、持《も》っていた絹《きぬ》の布《ぬの》をくれた。

「ミカンが布《ぬの》になったぞ」

さらに歩《ある》いて行《い》くと、今度《こんど》は、馬《うま》が病気《びょうき》で歩《ある》かなくなって困《こま》っている人《ひと》に出会《であ》った。

その布《ぬの》と馬《うま》を取《と》り替《か》えてくれと言《い》うので、やさしい男《おとこ》は、取《と》り替《か》えてあげて、馬《うま》に水《みず》を飲《の》ませるなど世話《せわ》をやいた。すると、馬《うま》は元気《げんき》になった。

「今度《こんど》は、布《ぬの》が馬《うま》になったぞ」

そして馬《うま》を連《つ》れて歩《ある》いていると、ある大《おお》きな家《いえ》の前《まえ》に来《き》たとき、主人《しゅじん》が話《はな》しかけてきた。

「いい馬《うま》だね、その馬《うま》を千両《せんりょう》でゆずってくれないか？」

びっくりした男《おとこ》は気絶《きぜつ》してしまう。すると、そこの娘《むすめ》さんが看病《かんびょう》してくれた。

なんと、その娘《むすめ》さんは、先《さき》ほど男《おとこ》がミカンをあげた女《おんな》の人《ひと》だったんだ。

男《おとこ》はその娘《むすめ》さんと結婚《けっこん》して、大金持《おおがねも》ちになり、幸《しあわ》せに暮《く》らしましたとさ。

この話《はなし》のように、物《もの》と物《もの》を交換《こうかん》することを物々交換《ぶつぶつこうかん》と言《い》うんだけど、物々交換《ぶつぶつこうかん》しながら目的《もくてき》の物《もの》や高価《こうか》な物《もの》を手《て》に入《い》れた人《ひと》のことを、「わらしべ長者《ちょうじゃ》」と言《い》うようになったんだ。

今《いま》では、インターネットなどの物々交換《ぶつぶつこうかん》のサイトで、現代《げんだい》の「わらしべ長者《ちょうじゃ》」をめざそうという人《ひと》もいるみたいだけど、このお話《はなし》みたいにうまくいくかどうかは……？

ところで、「わらしべ長者《ちょうじゃ》」とはちょっとちがうけど、めぐりめぐって行《い》き着《つ》いた先《さき》は……という言葉《ことば》に、**「風《かぜ》が吹《ふ》けば桶屋《おけや》がもうかる」**というものがある。

風《かぜ》が吹《ふ》くと砂《すな》ぼこりが散《ち》って目《め》に入《はい》るので、目《め》が見《み》えなくなる人《ひと》が増《ふ》える。

すると、三味線《しゃみせん》を弾《ひ》く人《ひと》が増《ふ》えて、三味線《しゃみせん》がよく売《う》れる（昔《むかし》は、目《め》が見《み》えない人《ひと》は三味《しゃみ》線《せん》を弾《ひ》く仕事《しごと》をする人《ひと》が多《おお》かったんだ）。

昔《むかし》の三味線《しゃみせん》にはネコの皮《かわ》が使《つか》われていたので、三味線《しゃみせん》が売《う》れるとネコが少《すく》なくなる。

ネコはネズミをつかまえるので、ネコが少《すく》なくなるとネズミが増《ふ》える。

ネズミが桶《おけ》をかじるので、桶《おけ》がよく売《う》れて桶屋《おけや》さんがもうかる、という、突飛《とっぴ》なお話《はなし》だ。

ここから、「風《かぜ》が吹《ふ》けば桶屋《おけや》がもうかる」というのは、何《なに》かの原因《げんいん》で全然関係《ぜんぜんかんけい》ないところに影響《えいきょう》を与《あた》えることや、全然《ぜんぜん》あてにならないことを言《い》う言葉《ことば》になったんだよ。

この章《しょう》では、こんなふうに日本《にほん》の古《ふる》い話《はなし》に由来《ゆらい》する言葉《ことば》を紹介《しょうかい》していくよ。

わらしべ長者《ちょうじゃ》

思《おも》いがけない交換《こうかん》によって利益《りえき》を得《え》た人《ひと》を、昔話《むかしばなし》にたとえて言《い》う。

交換《こうかん》したのは

出木杉《できすぎ》にマンガをあげたら、箱《はこ》いっぱいの本《ほん》をもらっちゃった!!
おっ!? わらしべ長者《ちょうじゃ》だね。
うぇ～ん、ぜんぶ問題集《もんだいしゅう》だったぁ～。
のび太《た》くんにとっては、わらしべびんぼうだったか。

打《う》ち出《で》の小《こ》槌《づち》

おとぎ話《ばなし》の、どんどん出《で》てくる宝物《たからもの》

前《まえ》の項目《こうもく》の「わらしべ長者《ちょうじゃ》」と同《おな》じように、これも、昔話《むかしばなし》から生《う》まれた言葉《ことば》。みんなもきっとよく知《し》ってる、おとぎ話《ばなし》だ。

そう、「一寸法師《いっすんぼうし》」の物語《ものがたり》で有名《ゆうめい》な、**「打《う》ち出《で》の小《こ》槌《づち》」**だよ。

忘《わす》れちゃった人《ひと》のために、お話《はなし》をおさらいしておこう。

あるところに、大人《おとな》の小指《こゆび》ぐらいの大《おお》きさしかない、とても小《ちい》さい赤《あか》ちゃんが生《う》まれた。

両親《りょうしん》は、一寸法師《いっすんぼうし》と名付《なづ》けて、大切《たいせつ》に育《そだ》てた。

成長《せいちょう》しても全然《ぜんぜん》大《おお》きくならない一寸法師《いっすんぼうし》だけど、ある日《ひ》、お侍《さむらい》になるために、京都《きょうと》に行《い》くことを決心《けっしん》した。

両親《りょうしん》は、お椀《わん》の船《ふね》におはしの櫂《かい》（船《ふね》をこぐ棒《ぼう》）と、針《はり》の刀《かたな》を用意《ようい》してあげた。

船《ふね》をこいで京都《きょうと》に着《つ》いた一寸法師《いっすんぼうし》は、えらい役人《やくにん》の家《いえ》のお姫様《ひめさま》に仕《つか》えることになった。

ある日《ひ》、お姫様《ひめさま》のおともでお寺《てら》へ出《で》かけた一寸法師《いっすんぼうし》。しかし、帰《かえ》り道《みち》、鬼《おに》が現《あらわ》れて、お姫様《ひめさま》をさらおうとした。

一寸法師《いっすんぼうし》は、針《はり》の刀《かたな》を抜《ぬ》いて、鬼《おに》に立《た》ち向《む》かった。でも、小《ちい》さい一寸法師《いっすんぼうし》は、指《ゆび》でつままれて、パクリと鬼《おに》にのみ込《こ》まれてしまった。

一寸法師《いっすんぼうし》は、鬼《おに》のおなかの中《なか》を針《はり》の刀《かたな》でちくちくと刺《さ》しまくったから、鬼《おに》はたまらない。

「いたいいたい、助《たす》けてくれ〜、もう悪《わる》さはしないよ」

鬼《おに》は一寸法師《いっすんぼうし》を吐《は》き出《だ》して、泣《な》きながら逃《に》げて行《い》った。

鬼《おに》は逃《に》げるとき、小槌《こづち》を落《お》としていった。これが「打《う》ち出《で》の小槌《こづち》」だ。

「打《う》ち出《で》の小槌《こづち》」とは、振《ふ》るといろいろなものが出《で》てくるという、伝説《でんせつ》の木槌《きづち》のことだよ。

お姫様《ひめさま》が「打《う》ち出《で》の小槌《こづち》」を振《ふ》ると、なんと、一寸法師《いっすんぼうし》はどんどん大《おお》きくなって、ついに、立派《りっぱ》な大人《おとな》の若者《わかもの》になったんだ。

そして一寸法師《いっすんぼうし》は、お姫様《ひめさま》と結婚《けっこん》して、両親《りょうしん》も呼《よ》び寄《よ》せ、幸《しあわ》せに暮《く》らしましたとさ。

「打《う》ち出《で》の小槌《こづち》」は、一寸法師《いっすんぼうし》のお話《はなし》だけでなく、いろいろな昔話《むかしばなし》に出《で》てくる宝物《たからもの》だよ。

七福神《しちふくじん》の一人《ひとり》、大黒様《だいこくさま》が持《も》っているのも「打《う》ち出《で》の小槌《こづち》」なんだ。

ここから、「打《う》ち出《で》の小槌《こづち》」とは、ほしいものやお金《かね》がどんどん自然《しぜん》に出《で》てくるもの、という意味《いみ》で使《つか》われるようになったんだよ。

たとえば、きみにいつでもおこづかいをくれる大金持《おおがねも》ちのおじいちゃんがいたら、

「おじいちゃんは『打《う》ち出《で》の小槌《こづち》』みたいだね」

ということになる。でもきっと、

「おじいちゃんは、おまえの『打《う》ち出《で》の小槌《こづち》』じゃないんだよ」

と怒《おこ》られて、もうおこづかいをくれなくなるから、絶対《ぜったい》にそんなこと言《い》っちゃだめだよ。

こんなふうに、おとぎ話《ばなし》から生《う》まれて使《つか》われるようになった言葉《ことば》は、ほかにもあるよ。

有名《ゆうめい》な『浦島太郎《うらしまたろう》』のお話《はなし》からは、**「今浦島《いまうらしま》」**という言葉《ことば》が生《う》まれた。

浦島太郎《うらしまたろう》は、カメを助《たす》けて竜宮城《りゅうぐうじょう》に行《い》き、帰《かえ》ってきて乙姫様《おとひめさま》にもらった玉手箱《たまてばこ》を開《あ》けたらおじいさんになってしまったという、みんなもよく知《し》っているお話《はなし》だね。

この、浦島太郎《うらしまたろう》が地上《ちじょう》に帰《かえ》ってきたときのような感覚《かんかく》が、「今浦島《いまうらしま》」なんだ。最近《さいきん》では、「浦島太郎状態《うらしまたろうじょうたい》」とも言《い》われるよ。

竜宮城《りゅうぐうじょう》から帰《かえ》った浦島太郎《うらしまたろう》だけど、いつのまにか何百年《なんびゃくねん》もたっていて、ふるさとの様子《ようす》は変《か》わり、知《し》っている人《ひと》が一人《ひとり》もいなくて、どうしようと困《こま》ってしまったね。

そんなふうに、昔《むかし》やっていた仕事《しごと》や、いた場所《ばしょ》から長《なが》い間《あいだ》はなれていて、その仕事《しごと》や場所《ばしょ》にもどってきたときに、まったく変《か》わっていてぼうぜんとすることを言《い》うんだ。

また、浦島太郎《うらしまたろう》の玉手箱《たまてばこ》から、**「開《あ》けてびっくり玉手箱《たまてばこ》」**（サプライズのお楽《たの》しみのこと）、**「開《あ》けて悔《くや》しき玉手箱《たまてばこ》」**（期待《きたい》がはずれてがっかりすること）という言葉《ことば》も生《う》まれたよ。

打《う》ち出《で》の小槌《こづち》

振《ふ》ればなんでも思《おも》い通《どお》りのものが出《で》てくる小《ちい》さな槌《つち》のことから、ほしいものが自然《しぜん》に出《で》てくることを表《あらわ》す。

有料《ゆうりょう》

うちでのデパート
ほしい物《もの》を言《い》って振《ふ》ると、ほしい物《もの》のミニチュアが出《で》てくる。
わぁ、貸《か》して貸《か》して！
でもそれ、使《つか》う時《とき》に10円《えん》入《い》れないとだめなんだ。
トホホ…。
振《ふ》ると10円《えん》が出《で》てくるサイフもほしいよう。

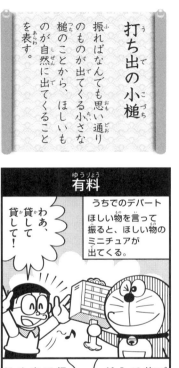

サバを読《よ》む

ごまかすときの言葉《ことば》だけど、正直《しょうじき》が一番《いちばん》！

お母《かあ》さんに年《ねん》れいを聞《き》くと、「三十五歳《さんじゅうごさい》よ」（本当《ほんとう》は四十歳《よんじっさい》なんだけど……）。

また、友《とも》だちに身長《しんちょう》を聞《き》くと、「一五〇センチだよ」（本当《ほんとう》は一四五センチだけど……）。

これが**「サバを読《よ》む」**ということ。

お母《かあ》さんは、年《ねん》れいを五歳《ごさい》サバを読《よ》んで、若《わか》く見《み》られようとしている。

友《とも》だちは、身長《しんちょう》を五《ご》センチもサバを読《よ》んで、小《ちい》さく見《み》られないようにしている。

このように、自分《じぶん》の都合《つごう》のいいように、数《かず》や量《りょう》などを多《おお》く言《い》ったり少《すく》なく言《い》ったりしてごまかすことを、「サバを読《よ》む」というんだ。

年《ねん》れいや身長《しんちょう》・体重《たいじゅう》以外《いがい》でも、たとえば、トレーディングカードを集《あつ》めていて、何枚集《なんまいあつ》めたか聞《き》かれたとき、多《おお》く言《い》ったり少《すく》なく言《い》ったりするのも、「サバを読《よ》む」だよ。

ところで、「サバを読《よ》む」の「サバ」って何《なん》だろう?

実《じつ》は、魚《さかな》の「サバ」のことなんだ。「サバのみそ煮《に》」などの「サバ」だよ。

そして、「読《よ》む」というのは、数《かぞ》えるという意味《いみ》。

魚《さかな》のサバは、とてもいたみやすい魚《さかな》だと言《い》われている。「サバの生《い》きぐされ」という言葉《ことば》もあって、見《み》た目《め》は新鮮《しんせん》でも、中身《なかみ》はくさり始《はじ》めていることもあると言《い》われるぐらいなんだよ。

また、昔《むかし》から、サバはよく獲《と》れるので数《かず》も多《おお》かったんだ。

だから、冷蔵庫《れいぞうこ》がなかった昔《むかし》、サバの数《かず》を数《かぞ》えるときは、くさらないように急《いそ》いで数《かぞ》えなければいけない。そこで、漁師《りょうし》さんや魚屋《さかなや》さんは、サバを数《かぞ》えるときはだいたいこのぐらい、と適当《てきとう》に数《かぞ》えて、早《はや》く売《う》るようにしていたんだって。

ここから、「サバを読《よ》む」という言葉《ことば》ができたというのが、よく言《い》われる由来《ゆらい》だよ。

でも、この言葉《ことば》の由来《ゆらい》には、ほかにもいろいろな説《せつ》があるんだ。

その一《ひと》つが、「いさば」の「い」が取《と》れたという説《せつ》。

魚市場《うおいちば》や魚《さかな》を売《う》る人《ひと》のことを、昔《むかし》は「五十集《いさば》」と言《い》っていた。

そこでは、小《ちい》さい魚《さかな》を数《かぞ》えるときなど、早口《はやくち》で数《かぞ》えて箱《はこ》に投《な》げ入《い》れていた。小魚《こざかな》の数《かず》までゆっくりていねいに数《かぞ》えていられないからだ。

この数《かぞ》え方《かた》は「いさば読《よ》み」と言《い》われていて、たいてい数《かず》が合《あ》わない。ここから、「いさば」の「い」が取《と》れて「サバを読《よ》む」になったとも言《い》われているよ。

また、サバは魚《さかな》ではなく、ごはんだという説《せつ》もある。

仏教《ぶっきょう》ではお坊《ぼう》さんが食事《しょくじ》のとき、餓鬼《がき》（飢《う》えに苦《くる》しむ者《もの》）へのお供《そな》えとして少《すこ》しごはんを取《と》り分《わ》けておくのだけど、その取《と》り分《わ》けたごはんのことを「生飯《さば》」というんだ。この生《さ》飯《ば》の分《ぶん》を考《かんが》えてごはんを多《おお》めに用意《ようい》することを「サバを読《よ》む」といったところからきた、とも言《い》われているよ。

ところで、「サバを読《よ》む」のように、二《ふた》つ以上《いじょう》の言葉《ことば》が結《むす》びついて決《き》まった意味《いみ》を表《あらわ》す言葉《ことば》を、「慣用句《かんようく》」と言《い》うんだ。ことわざとよく似《に》ているものだよ。

この「サバを読《よ》む」のように、ごまかすときの慣用句《かんようく》は、ほかにもあるんだ。

「下駄《げた》をはかせる」という言葉《ことば》は、数《かず》を多《おお》く見《み》せるときに使《つか》われるものだ。

はきものの「下駄《げた》」をはくと実際《じっさい》より背《せ》が高《たか》く見《み》えるところから、できた言葉《ことば》だよ。

たとえば、テストの点数《てんすう》を先生《せんせい》が実際《じっさい》より多《おお》くつけたら、それは「下駄《げた》をはかせた」ということになる。

また、**「お茶《ちゃ》をにごす」**という言葉《ことば》もある。これは、その場限《ばかぎ》りのいいかげんなことを言《い》ってとりつくろうことをいうよ。

「お茶《ちゃ》」は「茶道《ちゃどう》」のお茶《ちゃ》で、抹茶《まっちゃ》のこと。茶道《ちゃどう》の作法《さほう》を知《し》らない人《ひと》が、抹茶《まっちゃ》を適当《てきとう》にかき回《まわ》してにごらせ、ごまかすということから来《き》た言葉《ことば》なんだよ。

サバを読《よ》む

実際《じっさい》より多《おお》く言《い》ったり少《すく》なく言《い》ったりして、数《かず》をごまかすこと。

読《よ》みすぎ
今回《こんかい》のテスト、90点《てん》だったよ。
またまた〜、サバを読《よ》んじゃって。
本当《ほんとう》は？
60……、いや、あの、40…30点《てん》…かな。
倍以上《ばいいじょう》違《ちが》うじゃないか。
サバを読《よ》むにもほどがあるだろ。

二枚目《にまいめ》

歌舞伎《かぶき》の看板《かんばん》から生《う》まれたいろいろな言葉《ことば》

おじいちゃんやおばあちゃんが、かっこいい男《おとこ》の人《ひと》を見《み》て、「二枚目《にまいめ》だねえ」と言《い》うのを聞《き》いたことがないかな？

「二枚目《にまいめ》」というのは、美男子《びなんし》、つまりイケメンのことだ。特《とく》に、俳優《はいゆう》さんに対《たい》して使《つか》われることが多《おお》いよ。

これは、もともとは歌舞伎《かぶき》から来《き》た言葉《ことば》なんだ。

江戸時代《えどじだい》、歌舞伎《かぶき》が演《えん》じられる劇場《げきじょう》の前《まえ》には、役者《やくしゃ》さんの絵《え》が描《えが》かれた八枚《はちまい》の看板《かんばん》がかかっていた。これを八枚看板《はちまいかんばん》といい、かけられる順番《じゅんばん》が決《き》まっていたんだ。

看板《かんばん》の一枚目《いちまいめ》は主役《しゅやく》、二枚目《にまいめ》は色男《いろおとこ》、三枚目《さんまいめ》は道化役《どうけやく》、四枚目《よんまいめ》は中軸《ちゅうじく》（中堅《ちゅうけん》でまとめ役《やく》）、五枚目《ごまいめ》は敵役《かたきやく》（ふつうの敵《てき》）、六枚目《ろくまいめ》は実敵《じつがたき》（いい人《ひと》なんだけど敵《てき》）、七枚目《ななまいめ》は実悪《じつあく》

（とても悪《わる》い、すべての黒幕《くろまく》）、八枚目《はちまいめ》は座長《ざちょう》、と決《き》まっていたんだよ。

二枚目《にまいめ》の色男《いろおとこ》というのは、女《おんな》の人《ひと》にもてる美男子《びだんし》のこと。

色《いろ》が白《しろ》くてちょっとひ弱《よわ》な感《かん》じの役《やく》なので、顔色《かおいろ》を白《しろ》くぬっていたところから、**「色《いろ》男《おとこ》」**といわれるようになったんだ。

この看板《かんばん》から、「二枚目《にまいめ》」とは、美男子《びなんし》を表《あらわ》す言葉《ことば》になったんだよ。

また、「色男《いろおとこ》」という言葉《ことば》もよく使《つか》われるようになった。でも、こちらはイケメンというだけでなく、女性《じょせい》にモテモテの男性《だんせい》を、ちょっといやみな感《かん》じで言《い》うことが多《おお》いんだ。

同《おな》じ看板《かんばん》から生《う》まれた言葉《ことば》なのに、なぜか「二枚目《にまいめ》」と「色男《いろおとこ》」は少《すこ》し意味合《いみあ》いがちがってるんだね。

また、三枚目《さんまいめ》の看板《かんばん》の道化役《どうけやく》というのは、お笑《わら》い担当《たんとう》ということ。

ここから、**「三枚目《さんまいめ》」**という言葉《ことば》もできたよ。「三枚目《さんまいめ》」とは、ちょっとかっこ悪《わる》くてもおもしろくて、人《ひと》を笑《わら》わせるようなタイプのことをさすんだよ。

きみのクラスにも、お調子者《ちょうしもの》で「三枚目《さんまいめ》」の人《ひと》ってきっといるよね。

ところで、「二枚目《にまいめ》」「三枚目《さんまいめ》」はあるのに、「一枚目《いちまいめ》」という言葉《ことば》はないのがふしぎだね。そのかわり、**「一枚看板《いちまいかんばん》」**という言葉《ことば》があるんだ。

これも歌舞伎《かぶき》の看板《かんばん》から生《う》まれた言葉《ことば》だよ。

劇場《げきじょう》の入口《いりぐち》には、今回《こんかい》の出《だ》し物《もの》（演目《えんもく》）を書《か》いた大《おお》きな看板《かんばん》がかかげられて、そこには、主《おも》な役者《やくしゃ》の絵《え》が描《か》かれていた。これを「一枚看板《いちまいかんばん》」といったんだ。

ここから、一枚看板《いちまいかんばん》に描《えが》かれるような、その芝居《しばい》の中心的《ちゅうしんてき》な役者《やくしゃ》さんのことを「一枚看板《いちまいかんばん》」とよぶようになった。

やがて、歌舞伎《かぶき》だけでなく、いろいろなグループの代表的《だいひょうてき》な人物《じんぶつ》のことを「一枚看板《いちまいかんばん》」と言《い》うようになって、今《いま》でも使《つか》われているんだよ。

また、よく使《つか》われるのが**「二枚看板《にまいかんばん》」**という言葉《ことば》。

これは、「二枚目《にまいめ》」とは全然関係《ぜんぜんかんけい》なくて、「一枚看板《いちまいかんばん》」から生《う》まれた言葉《ことば》だ。そのグループを中心《ちゅうしん》として支《ささ》えている、二人《ふたり》の人物《じんぶつ》のことをさすんだ。

たとえば、野球《やきゅう》チームでエースが二人《ふたり》いるようなとき、監督《かんとく》さんが「うちの二枚看板《にまいかんばん》です」なんて言《い》うんだよ。

ほかに、「一枚看板《いちまいかんばん》」と同《おな》じような言葉《ことば》には、**「看板役者《かんばんやくしゃ》」「看板女優《かんばんじょゆう》」**なんていうのがある。きみたちも聞《き》いたことがあるよね。

その劇団《げきだん》でいちばん人気《にんき》がある役者《やくしゃ》さんや女優《じょゆう》さんのことを言《い》うよ。

また、看板《かんばん》がつく慣用句《かんようく》もたくさんあるんだ。

「看板《かんばん》に傷《きず》がつく」と言《い》えば、会社《かいしゃ》やお店《みせ》などの評判《ひょうばん》や信用《しんよう》が損《そこ》なわれるということ。

「看板《かんばん》に偽《いつわ》りなし」と言《い》えば、外見《がいけん》や評判《ひょうばん》と中身《なかみ》が一致《いっち》していて立派《りっぱ》だというほめ言葉《ことば》だ。

「看板《かんばん》」がほかの言葉《ことば》と結《むす》びつき、いろいろな意味《いみ》に変化《へんか》しているんだね。

二枚目《にまいめ》
美男子《びなんし》のこと。

のび太《た》は二枚目《にまいめ》
ぼく二枚目《にまいめ》。
ぼくは三枚目《さんまいめ》。
えっ!?
負《ま》けた!そんなによく書《か》けるね。
作文《さくぶん》は得意《とくい》なんだ。
なあんだ……。

大黒柱《だいこくばしら》

家庭《かてい》を支《ささ》える、たのもしい人《ひと》。きみの家《いえ》ではだれ？


「お父《とう》さんは一家《いっか》の大黒柱《だいこくばしら》」なんていう表現《ひょうげん》を聞《き》いたこと、ないかな？

これは、お父《とう》さんが中心《ちゅうしん》となって、その家《いえ》を支《ささ》えているという意味《いみ》。

働《はたら》いて、お金《かね》をかせいで家計《かけい》を支《ささ》えているという意味《いみ》で使《つか》われることが多《おお》い言葉《ことば》だ。

でも、お金《かね》の面《めん》だけでなく、家庭《かてい》のことをいちばんよく考《かんが》えて、家族《かぞく》の気持《きも》ちの支《ささ》えになっている人《ひと》、という意味《いみ》でも使《つか》われるよ。

だから、その家庭《かてい》によって、大黒柱《だいこくばしら》はいろいろだ。お父《とう》さんだけじゃなく、お母《かあ》さんの家《いえ》も、おじいちゃんやおばあちゃんの家《いえ》も、お兄《にい》さんやお姉《ねえ》さんの家《いえ》もあるよね。

また、家庭《かてい》だけでなく、会社《かいしゃ》やグループなどでの中心人物《ちゅうしんじんぶつ》のことも表《あらわ》すよ。

じゃあ、どうして、そんな人物《じんぶつ》のことを「**大黒柱**《だいこくばしら》」と呼《よ》ぶんだろう？

それは、「大黒柱《だいこくばしら》」というのが、家《いえ》の中心《ちゅうしん》にある柱《はしら》のことだからだ。

今《いま》はない家《いえ》も多《おお》いけど、昔《むかし》の家《いえ》の中心《ちゅうしん》には、「大黒柱《だいこくばしら》」というものがあった。太《ふと》くて大《おお》きい柱《はしら》で、その家《いえ》の床《ゆか》と屋根《やね》を、しっかり支《ささ》える柱《はしら》なんだ。

昔《むかし》の家《いえ》は、最初《さいしょ》に大黒柱《だいこくばしら》を立《た》ててから、ほかの部分《ぶぶん》が造《つく》られていったんだよ。

でも、こんな柱《はしら》を、どうして「大黒柱《だいこくばしら》」というんだろうね。

まず一《ひと》つは、「大極殿《だいこくでん》」から来《き》たという説《せつ》がある。

大極殿《だいこくでん》とは、飛鳥時代《あすかじだい》～平安時代《へいあんじだい》（五九二～一一八五年《ねん》）にあった、日本《にほん》の都《みやこ》の、天皇《てんのう》が住《す》む宮殿《きゅうでん》にある、大《おお》きな建物《たてもの》。国《くに》の大事《だいじ》な儀式《ぎしき》などが行《おこな》われていたんだよ。

奈良県《ならけん》にある平城宮跡《へいじょうきゅうあと》には、奈良時代《ならじだい》（七一〇～七八四年《ねん》）の平城京《へいじょうきょう》にあった大極殿《だいこくでん》が復元《ふくげん》されていて、その大《おお》きさを目《め》にすることができるよ。

この大極殿《だいこくでん》の柱《はしら》は、とても太《ふと》くて立派《りっぱ》で、「大極殿柱《だいこくでんばしら》」と言《い》われていた。ここから、家《いえ》の中心《ちゅうしん》の太《ふと》い柱《はしら》が「大極柱《だいこくばしら》」となり、漢字《かんじ》が変《か》わったと言《い》われているんだ。

また、国《くに》の中心《ちゅうしん》の柱《はしら》という意味《いみ》で、「大国柱《たいこくばしら》」が変化《へんか》したものという説《せつ》もあるよ。

でも、よく言《い》われるのは、神様《かみさま》の「大黒様《だいこくさま》」から来《き》たというものだ。

大黒様《だいこくさま》とは「打《う》ち出《で》の小槌《こづち》」の項目《こうもく》（142ページ）にも出《で》てきたけど、七福神《しちふくじん》の一人《ひとり》だ。米俵《こめだわら》に乗《の》って、打《う》ち出《で》の小槌《こづち》を持《も》っている、豊《ゆた》かな食《た》べ物《もの》や財産《ざいさん》の神様《かみさま》なんだ。

だから、大黒様《だいこくさま》は台所《だいどころ》の守《まも》り神《がみ》とされていた。

昔《むかし》の家《いえ》の台所《だいどころ》は、土間《どま》という、床板《ゆかいた》をはっていない場所《ばしょ》にあった。そして、大黒柱《だいこくばしら》は、土間《どま》の横《よこ》に建《た》てられることが多《おお》かったんだ。

それで、柱《はしら》に台所《だいどころ》の守《まも》り神《がみ》の大黒様《だいこくさま》の名前《なまえ》がついて「大黒柱《だいこくばしら》」となったと言《い》われるよ。

ところで、大黒様《だいこくさま》が出《で》てきたので、ほかの七福神《しちふくじん》のことも覚《おぼ》えておこう。

「大黒様《だいこくさま》」は正《ただ》しくは「大黒天《だいこくてん》」。親《した》しみをこめて「大黒様《だいこくさま》」と言《い》われているんだ。

ほかの六人《ろくにん》は、「恵比須《えびす》」「布袋《ほてい》」「福禄寿《ふくろくじゅ》」「寿老人《じゅろうじん》」「毘沙門天《びしゃもんてん》」「弁才天《べんざいてん》」だ。

「恵比須《えびす》」は、釣《つ》り竿《ざお》と魚《さかな》のタイを持《も》っていて、商売繁盛《しょうばいはんじょう》や大漁《たいりょう》の神様《かみさま》とされる。「大黒《だいこく》様《さま》」と同様《どうよう》に親《した》しみをこめて「恵比須様《えびすさま》」と呼《よ》ばれ、富《とみ》を司《つかさど》る神様《かみさま》だ。

「布袋《ほてい》」はおなかがぷっくりしたユーモラスな姿《すがた》で、夫婦円満《ふうふえんまん》や子宝《こだから》の神様《かみさま》。

「福禄寿《ふくろくじゅ》」は頭《あたま》が長《なが》くて白《しろ》いひげをはやした、健康長寿《けんこうちょうじゅ》や立身出世《りっしんしゅっせ》の神様《かみさま》だ。

「寿老人《じゅろうじん》」は小柄《こがら》で白《しろ》いひげの、健康長寿《けんこうちょうじゅ》や知恵《ちえ》の神様《かみさま》。

「毘沙門天《びしゃもんてん》」はよろいかぶとをかぶって手《て》に矛《ほこ》を持《も》つ、厄《やく》よけや勝利《しょうり》の神様《かみさま》。「弁才天《べんざいてん》」は女性《じょせい》で、楽器《がっき》の琵琶《びわ》を持《も》つ、芸事《げいごと》や学業《がくぎょう》、恋愛《れんあい》の神様《かみさま》だ。

特徴的《とくちょうてき》なご利益《りやく》だけをあげたけど、七福神《しちふくじん》はみんな、家内安全《かないあんぜん》や金運《きんうん》などの幸福《こうふく》をもたらしてくれる神様《かみさま》なんだよ。七人《しちにん》そろって、財宝《ざいほう》を積《つ》んだ宝船《たからぶね》に乗《の》ってやってくるんだ。

そんな七福神《しちふくじん》の名前《なまえ》がついた「大黒柱《だいこくばしら》」。家《いえ》やグループの「大黒柱《だいこくばしら》」になる人《ひと》は、まわりのみんなに幸《しあわ》せをもたらしてくれる人《ひと》だったんだね。

大黒柱《だいこくばしら》
家《いえ》や集団《しゅうだん》の中心《ちゅうしん》になって、それを支《ささ》える人《ひと》。

八《や》百《お》長《ちょう》

インチキ勝負《しょうぶ》の言葉《ことば》は囲碁《いご》から来《き》た！

スポーツなどの勝負《しょうぶ》ごとで、絶対《ぜったい》にやってはいけないのが、「八《や》百《お》長《ちょう》」。真剣勝負《しんけんしょうぶ》に見《み》せかけて、一方《いっぽう》が勝負《しょうぶ》にわざと負《ま》けることだ。

対戦者同士《たいせんしゃどうし》が約束《やくそく》してあらかじめ決《き》めたとおりに演《えん》じることもあるし、相手《あいて》は知《し》らないけど一方《いっぽう》が勝手《かって》に手《て》を抜《ぬ》くという場合《ばあい》もあるよ。

そんなときは、負《ま》けるほうがお金《かね》をもらっているなど、何《なに》かの見返《みかえ》りがある場合《ばあい》が多《おお》い。

一方的《いっぽうてき》に手《て》を抜《ぬ》いて負《ま》ける場合《ばあい》は、賭博《とばく》（かけごと）がからんでいることも多《おお》いんだ。

日本《にほん》でも、プロ野球《やきゅう》や大相撲《おおずもう》で、大《おお》きな問題《もんだい》になったこともあるんだよ。

つまり、「八《や》百《お》長《ちょう》」というのはインチキということなんだけど、いったいどうして、インチキを「八《や》百《お》長《ちょう》」なんていうんだろうね。

これには、次《つぎ》のような、おもしろい由来《ゆらい》があるんだよ。

「八百長《やおちょう》」は、「八百屋《やおや》」さんの「長兵衛《ちょうべえ》」ということなんだ。つまり、人《ひと》のあだ名《な》だね。

明治時代《めいじじだい》（一八六八〜一九一二年《ねん》）に実際《じっさい》にいた、八百屋《やおや》さんの主人《しゅじん》の長兵衛《ちょうべえ》さんは、みんなから「八百長《やおちょう》」と呼《よ》ばれていた。

この長兵衛《ちょうべえ》さんは囲碁《いご》が好《す》きで、大相撲《おおずもう》の親方《おやかた》と、よくいっしょに囲碁《いご》を打《う》っていた。

長兵衛《ちょうべえ》さんは、実《じつ》は囲碁《いご》が得意《とくい》で、親方《おやかた》より強《つよ》いんだけど、わざと負《ま》けることが多《おお》かった。いつもなるべく一勝一敗《いっしょういっぱい》になるようにしたんだ。

なぜなら、親方《おやかた》は、自分《じぶん》の店《みせ》の野菜《やさい》をよく買《か》ってくれるお得意《とくい》さんだったから、ご機嫌《きげん》をとったんだね。

でも、あるとき、長兵衛《ちょうべえ》さんが囲碁《いご》のプロの棋士《きし》と勝負《しょうぶ》したとき、プロに負《ま》けないぐらいの戦《たたか》いをした。それで、長兵衛《ちょうべえ》さんは、囲碁《いご》がとても強《つよ》いということが、みんなにバレてしまったんだよ。

つまり、親方《おやかた》に負《ま》けていたのはわざとだと、みんなわかってしまったんだね。

そこから、勝負《しょうぶ》にわざと負《ま》けることを、長兵衛《ちょうべえ》さんのあだ名《な》をとって、「八百長《やおちょう》」と言《い》うようになったと言《い》われているよ。

ところで、この「八百長《やおちょう》」のもとになった「八百屋《やおや》さん」。あたりまえに使《つか》われているけど、どうして「八百屋《やおや》」というんだろう?

魚《さかな》なら魚屋《さかなや》さん、肉《にく》ならお肉屋《にくや》さん、パンならパン屋《や》さん……なのに、どうして野菜《やさい》は、野菜屋《やさいや》さんじゃないんだろうね。

八百屋《やおや》さんの「八百《やお》」というのは、たくさんの数《かず》という意味《いみ》なんだ。八百屋《やおや》さんには品《しな》数《かず》が多《おお》く、昔《むかし》は、野菜《やさい》・くだものだけでなく、生活雑貨《せいかつざっか》なども扱《あつか》っていた。だから、「八《や》百屋《おや》」と呼《よ》ばれるようになったと言《い》われているよ。

また、野菜《やさい》は青《あお》い色《いろ》のものが多《おお》いので「青屋《あおや》」と言《い》っていたけど、織物《おりもの》を藍《あい》で染《そ》める藍《あい》染《ぞ》め屋《や》さんとまちがわないよう、「あおや」が「やおや」になったという説《せつ》もあるんだよ。

ところで、「八百長《やおちょう》」とよく似《に》た意味《いみ》の言葉《ことば》が別《べつ》にある。**「出来《でき》レース」**というものだ。

たとえば、お芝居《しばい》のオーディションで主役《しゅやく》を決《き》めるときなどに、もうすでにだれが主役《しゅやく》になるか決《き》まっているのに形《かたち》だけのオーディションを行《おこな》う、という場合《ばあい》などだ。

つまり、勝《か》ち負《ま》けが最初《さいしょ》からわかっている、「出来合《できあ》いのレース」という意味《いみ》なんだ。

オーディションやレースのような勝《か》ち負《ま》けだけでなく、あらかじめシナリオができていて結果《けっか》がわかっているという意味《いみ》で使《つか》われることも多《おお》いよ。
たとえば国会《こっかい》も、議員《ぎいん》が大臣《だいじん》に質問《しつもん》をしてきつい追及《ついきゅう》をしても、どんな質問《しつもん》をするかあらかじめ知《し》らせているから、結局《けっきょく》、「出来《でき》レース」だと言《い》う人《ひと》もいるんだ。
「八百長《やおちょう》」も「出来《でき》レース」も大人《おとな》の世界《せかい》の言葉《ことば》でよく使《つか》われるものだけど、よくないことだ。大人《おとな》になっても、どちらもやらないようにしたいものだね。

八百長《やおちょう》
勝負《しょうぶ》で、前《まえ》もって勝敗《しょうはい》を打《う》ち合《あ》わせておき、うわべだけ真剣《しんけん》に勝負《しょうぶ》すること。

負《ま》けたかったのに

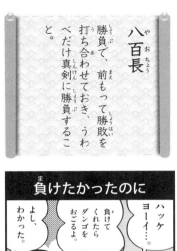

千秋楽《せんしゅうらく》

最終日《さいしゅうび》にはみんなの気《き》持《も》ちがこもっている

お相撲《すもう》やお芝居《しばい》が好《す》きな人《ひと》には、おなじみの言葉《ことば》かな？

大相撲《おおずもう》では、その場所《ばしょ》の十五日目《じゅうごにちめ》のことを「千秋楽《せんしゅうらく》」と言《い》うんだ。大相撲《おおずもう》は一場所《ひとばしょ》が十《じゅう》五日間《ごにちかん》。つまり、最終日《さいしゅうび》のことだね。

また、同《おな》じように歌舞伎《かぶき》や舞台《ぶたい》でやる演劇《えんげき》などでも、公演《こうえん》の最終日《さいしゅうび》のことを「千秋楽《せんしゅうらく》」と言《い》うんだ。相撲《すもう》や芝居《しばい》以外《いがい》でも、サーカスやコンサートなど、いろいろな興行《こうぎょう》の最終日《さいしゅうび》をさす言葉《ことば》なんだよ。

でも、どうして最終日《さいしゅうび》を「千秋楽《せんしゅうらく》」と言《い》うんだろうね？

この「千秋楽《せんしゅうらく》」というのは、実《じつ》は曲名《きょくめい》だったんだ。

日本《にほん》で古《ふる》くから伝《つた》わる音楽《おんがく》に、雅楽《ががく》というものがある。雅楽《ががく》は、笛《ふえ》などの管楽器《かんがっき》と、琴《こと》

などの弦楽器《げんがっき》、太鼓《たいこ》などの打楽器《だがっき》で演奏《えんそう》される、昔《むかし》のオーケストラのようなもの。今《いま》でも、宮中《きゅうちゅう》（皇居《こうきょ》の中《なか》）の行事《ぎょうじ》や、能《のう》という伝統芸能《でんとうげいのう》の舞台《ぶたい》のときなどに、演奏《えんそう》されている音楽《おんがく》だ。

その雅楽《ががく》の楽曲《がっきょく》に「千秋楽《せんしゅうらく》」という曲《きょく》があるんだ。この曲《きょく》が、雅楽《ががく》の演奏《えんそう》のときや、仏《ぶっ》教《きょう》の儀式《ぎしき》などのとき、最後《さいご》の曲《きょく》として演奏《えんそう》されることが多《おお》かった。

また、結婚式《けっこんしき》などでもうたわれる、「高砂《たかさご》」というおめでたい謡曲《ようきょく》（能《のう》の舞台《ぶたい》でうたわれて、ストーリーを説明《せつめい》するもの）があるんだけど、その歌詞《かし》に、「千秋楽《せんしゅうらく》」という言葉《ことば》が入《はい》っていて、能《のう》の舞台《ぶたい》の最後《さいご》によくうたわれるんだ。

こんなことから、「千秋楽《せんしゅうらく》」は、相撲《すもう》や芝居《しばい》の最終日《さいしゅうび》をお祝《いわ》いするという意味《いみ》で使《つか》われる言葉《ことば》になったと言《い》われているよ。

「千秋《せんしゅう》」というのは、千年《せんねん》という意味《いみ》で、とても長《なが》い時間《じかん》を表《あらわ》す言葉《ことば》なんだ。四字熟語《よじじゅくご》に**「一日千秋《いちじつせんしゅう》」**という言葉《ことば》があるんだけど、この「千秋《せんしゅう》」も同《おな》じ意味《いみ》。

「一日千秋《いちじつせんしゅう》」とは、一日《いちにち》が千年《せんねん》のように長《なが》く感《かん》じる、という意味《いみ》で、とても待《ま》ちどおしいことを表《あらわ》す言葉《ことば》なんだ。特《とく》に、好《す》きな人《ひと》に会《あ》えるのを待《ま》ちこがれるようなとき、「一日千《いちじつせん》秋《しゅう》の思《おも》いで待《ま》つ」というような使《つか》い方《かた》をするよ。

「千秋楽《せんしゅうらく》」は、千年《せんねん》もの長《なが》い間《あいだ》、楽《たの》しむ、ということで、長《なが》い年月《ねんげつ》の繁栄《はんえい》を願《ねが》う言葉《ことば》とも言《い》われているんだ。

最終日《さいしゅうび》を表《あらわ》す「千秋楽《せんしゅうらく》」は、短《みじか》くして「楽日《らくび》」または「楽《らく》」と言《い》われることもあるよ。

また、**「千歳楽《せんざいらく》」**と言《い》われることもある。

「千歳《せんざい》」も千年《せんねん》と同《おな》じ意味《いみ》で、とてもおめでたい言葉《ことば》なんだ。

七五三《しちごさん》に食《た》べる「千歳飴《ちとせあめ》」は、子《こ》どもたちが、元気《げんき》で千年《せんねん》も生《い》きられるように、という願《ねが》いがこめられた名前《なまえ》なんだよ。

この「千秋楽《せんしゅうらく》」が、昔《むかし》からある雅楽《ががく》の曲《きょく》のタイトルから生《う》まれたのはわかったけど、実《じつ》は現代《げんだい》も、よく知《し》られている「千秋楽《せんしゅうらく》」の曲《きょく》があるんだ。

それは、「大相撲中継《おおずもうちゅうけい》エンディングテーマ」。NHK《エヌエイチケー》の大相撲中継《おおずもうちゅうけい》で、千秋楽《せんしゅうらく》の日《ひ》だけ、最後《さいご》に流《なが》れる音楽《おんがく》で、「THE《ザ》　千秋楽《せんしゅうらく》」とよばれているものだよ。

大相撲《おおずもう》は一年《いちねん》に六場所《ろくばしょ》だから、千秋楽《せんしゅうらく》は一年《いちねん》に六回《ろっかい》。だから、この曲《きょく》がかかるのも一年《いちねん》に六回《ろっかい》だけなんだ。興味《きょうみ》のある人《ひと》は、千秋楽《せんしゅうらく》の大相撲中継《おおずもうちゅうけい》で聴《き》いてみてね。

ところで、「千秋楽《せんしゅうらく》」の字《じ》だけど、「千穐楽《せんしゅうらく》」と書《か》かれることもある。とくに、舞台《ぶたい》のお芝居《しばい》ではこう書《か》くことが多《おお》いんだ。

これは、「秋《あき》」という漢字《かんじ》に、劇場《げきじょう》では縁起《えんぎ》がよくないとされる「火《ひ》」の字《じ》が入《はい》っているため。そこで、縁起《えんぎ》のよい「亀《かめ》」という字《じ》が入《はい》っている「穐《しゅう》」の字《じ》を使《つか》ったんだよ。

「千秋楽《せんしゅうらく》」という言葉《ことば》には、相撲《すもう》や舞台《ぶたい》の関係者《かんけいしゃ》たちが、無事《ぶじ》に最終日《さいしゅうび》をむかえたことを喜《よろこ》び祝《いわ》う気持《きも》ちがこめられているんだね。

千秋楽《せんしゅうらく》
芝居《しばい》や相撲《すもう》の興行《こうぎょう》の、最《さい》終日《しゅうび》。

いざ鎌倉《かまくら》

鎌倉《かまくら》へ行《い》くことじゃないんだよ

「友《とも》だちのお母《かあ》さんが入院《にゅういん》して、大変《たいへん》そう。いざ鎌倉《かまくら》だ！」

などという使《つか》い方《かた》をする。力強《ちからづよ》く言《い》うのがポイントだよ。

「いざ」は、「さあ、○○しよう！」ということ。「鎌倉《かまくら》」というのは、神奈川県《かながわけん》の地名《ちめい》。大仏《だいぶつ》やたくさんのお寺《てら》があり、観光地《かんこうち》としても有名《ゆうめい》なところだ。

でも、**「いざ鎌倉《かまくら》」**は、ただ、「鎌倉《かまくら》へ行《い》こう」という意味《いみ》ではないよ。

これは、「さあ大変《たいへん》、一大事《いちだいじ》が起《お》こった」ということを表《あらわ》す言葉《ことば》なんだ。最初《さいしょ》の例《れい》では、「大変《たいへん》だ、みんなでお手伝《てつだ》いするぞ！」という意味《いみ》がこめられているよ。

この言葉《ことば》は、前《まえ》の「千秋楽《せんしゅうらく》」の項目《こうもく》でも出《で》てきた、謡曲《ようきょく》から生《う》まれたものだよ。謡曲《ようきょく》というのは、能《のう》の舞台《ぶたい》でうたわれ、能《のう》のストーリーを説明《せつめい》するものだ。

その謡曲《ようきょく》のタイトルは、『鉢木《はちのき》』。歌舞伎《かぶき》やお芝居《しばい》でも演《えん》じられ、『鉢《はち》の木《き》物語《ものがたり》』という物語《ものがたり》としても知《し》られる、有名《ゆうめい》なお話《はなし》だよ。

鎌倉時代《かまくらじだい》（一一八五〜一三三三年《ねん》）半《なか》ばのこと。鎌倉時代《かまくらじだい》というのは、鎌倉《かまくら》に幕府《ばくふ》が置《お》かれて、武士《ぶし》による政権《せいけん》が始《はじ》まった時代《じだい》だ。

ある雪《ゆき》の日《ひ》、一人《ひとり》のお坊《ぼう》さんが、ある家《いえ》を訪《おとず》れた。

「すみません、一夜《いちや》だけ、泊《と》めていただけませんでしょうか」

「あいにく貧《まず》しい暮《く》らしで何《なん》のおもてなしもできませんが、この雪《ゆき》ではお困《こま》りでしょう。こんなところでよろしければ、どうぞ」

主人《しゅじん》は、暖《あたた》かいいろりのそばにお坊《ぼう》さんをすわらせて、粟《あわ》のおかゆをふるまった。

やがて、いろりの火《ひ》を燃《も》やすためのたきぎがなくなってしまうと、主人《しゅじん》は、自分《じぶん》の大事《だいじ》にしていた梅《うめ》・松《まつ》・桜《さくら》の盆栽《ぼんさい》（鉢植《はちう》えの木《き》）を火《ひ》にくべようとした。

「いけません、そんな立派《りっぱ》な盆栽《ぼんさい》を」

お坊《ぼう》さんは止《と》めようとしたけど、

「いいえ、せめて、暖《あたた》かいところでお休《やす》みください」

主人《しゅじん》はそう言《い》い、木《き》を折《お》って火《ひ》にくべてしまったんだ。

この家《いえ》の主人《しゅじん》は、佐野源左衛門常世《さのげんざえもんつねよ》という名前《なまえ》で、もとは立派《りっぱ》な武士《ぶし》だったけど、一族《いちぞく》に裏切《うらぎ》られて土地《とち》をうばわれ、落《お》ちぶれてしまったという。それでも、

「わたしも鎌倉武士《かまくらぶし》のはしくれです。もし、『いざ鎌倉《かまくら》』というとき（幕府《ばくふ》に何《なに》か一大事《いちだいじ》が起《お》こったとき）には、すぐにかけつけて、命《いのち》がけで幕府《ばくふ》をお守《まも》りするつもりです」

と話《はな》した。

翌日《よくじつ》、雪《ゆき》もやみ、お坊《ぼう》さんはお礼《れい》を言《い》って、旅立《たびだ》って行《い》った。

それからしばらくして、鎌倉《かまくら》から武士《ぶし》たちに呼《よ》び出《だ》しがかかった。この家《いえ》の主人《しゅじん》、常世《つねよ》も、「いざ鎌倉《かまくら》！」と、古《ふる》いよろいかぶとを身《み》に付《つ》け、やせた馬《うま》に乗《の》ってかけつけたんだ。

鎌倉《かまくら》に着《つ》くと、常世《つねよ》は、幕府《ばくふ》の執権《しっけん》、北条時頼《ほうじょうときより》に呼《よ》び出《だ》された。執権《しっけん》というのは、鎌倉《かまくら》幕府《ばくふ》で政治《せいじ》の実権《じっけん》をにぎっている、とてもえらい人《ひと》だ。

「あの雪《ゆき》の日《ひ》は、たいへん世話《せわ》になったな。あのときの言葉《ことば》どおり、本当《ほんとう》にすぐかけつけてくれて、ありがとう」

なんと、あのときのお坊《ぼう》さんが、北条時頼《ほうじょうときより》だったんだ。

そして常世《つねよ》は、うばわれた土地《とち》を返《かえ》してもらい、さらに、梅《うめ》・松《まつ》・桜《さくら》の鉢植《はちう》えの木《き》にちなんだ地名《ちめい》の三《みっ》つの土地《とち》を与《あた》えられ、大喜《おおよろこ》びで国《くに》に帰《かえ》ったんだ。

ここから、「いざ鎌倉《かまくら》」とは、鎌倉《かまくら》にかぎらず、すぐにかけつけなければいけないような、一大事《いちだいじ》が起《お》こったことを表《あらわ》す言葉《ことば》になったんだよ。「大変《たいへん》だ！」というだけでなく、「すぐ行《い》くぞ！」という気持《きも》ちが入《はい》っているのがポイントだ。

きみたちも、友達《ともだち》のピンチに、「いざ鎌倉《かまくら》」とかけつけることができるかな？

いざ鎌倉《かまくら》

一大事《いちだいじ》が起《お》こり、いよいよ行動《こうどう》を起《お》こすとき。

行《ゆ》き先《さき》は？

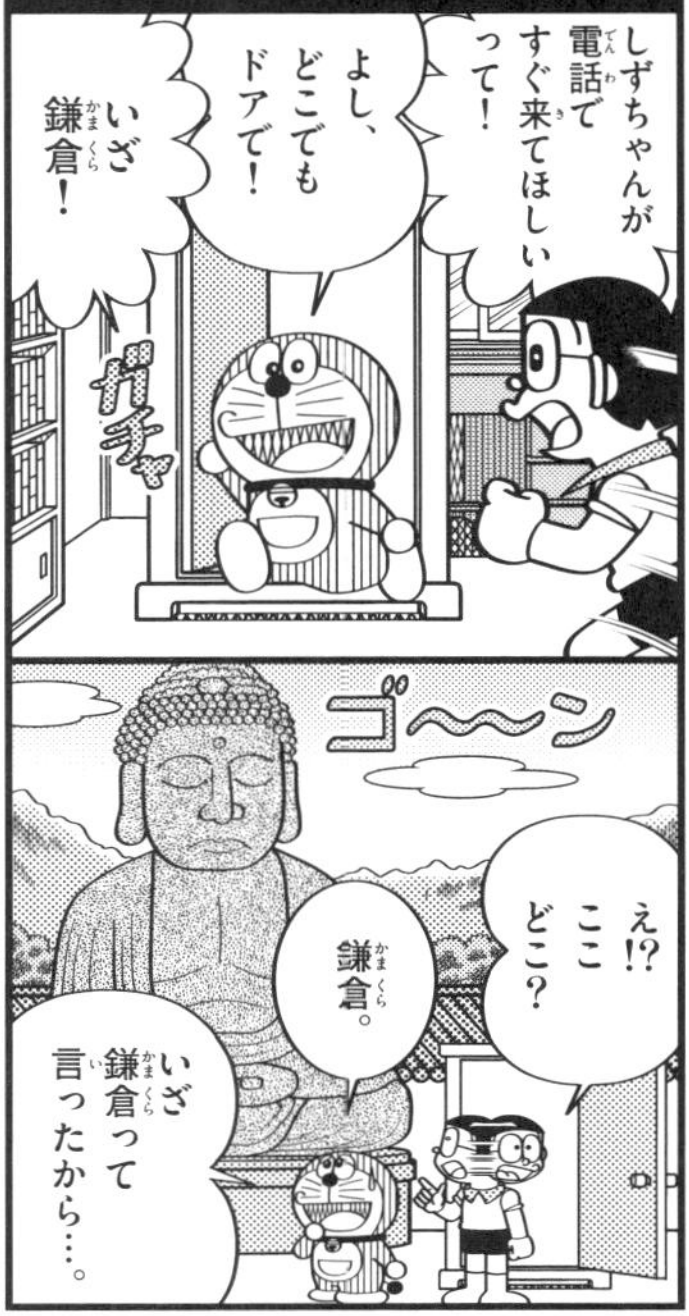

後《あと》の祭《まつ》り

日本三大祭《にほんさんだいまつ》りから生《う》まれた？　後悔《こうかい》の言葉《ことば》

「どんなに後悔《こうかい》したって、後《あと》の祭《まつ》りだよ」

というような使《つか》い方《かた》をすることが多《おお》い、**「後《あと》の祭《まつ》り」**。

今《いま》さら、もうどうにもならない、手《て》おくれだ、ということを表《あらわ》す言葉《ことば》なんだ。

きみも経験《けいけん》あるだろう。たとえば、テストが終《お》わった後《あと》。

「教科書《きょうかしょ》のあのページを復習《ふくしゅう》しておけばできたのに。でも、後《あと》の祭《まつ》りだ……」

また、友《とも》だちの悪口《わるくち》を言《い》ってしまい、それがクラス中《じゅう》に広《ひろ》まったとき。

「あんなこと、言《い》わなきゃよかった。後《あと》の祭《まつ》りだけど」

こんなふうに、とてもよく使《つか》われる言葉《ことば》だから、世《よ》の中《なか》の人《ひと》は、みんな後悔《こうかい》しまくっているんだね。きっと、後悔《こうかい》しない人《ひと》なんていないんだろうね。

ところで、手《て》おくれのことを、どうして「後《あと》の祭《まつ》り」というんだろう。

これにはいろいろな説《せつ》があるけど、まず一《ひと》つは、「祇園祭《ぎおんまつり》」から来《き》たもの、という説《せつ》。

「祇園祭《ぎおんまつり》」というのは、日本三大祭《にほんさんだいまつ》りの一《ひと》つで、京都《きょうと》にある、八坂神社《やさかじんじゃ》のお祭《まつ》りだ。

特《とく》に、「山鉾《やまほこ》」という豪華《ごうか》な山車《だし》がたくさん街《まち》を練《ね》り歩《ある》く日《ひ》は「山鉾巡行《やまほこじゅんこう》」といって、京都《きょうと》の夏《なつ》の風物詩《ふうぶつし》となっている。「京都祇園祭《きょうとぎおんまつり》の山鉾行事《やまほこぎょうじ》」として、ユネスコの無形文化《むけいぶんか》遺産《いさん》にも登録《とうろく》されているんだよ。

この「祇園祭《ぎおんまつり》」は一《いっ》か月《げつ》にわたって行《おこな》われるんだけど、先《さき》に行《おこな》われる山鉾巡行《やまほこじゅんこう》の日《ひ》を「前祭《さきまつり》」、後《あと》で行《おこな》われる日《ひ》を「後祭《あとまつり》」というんだ。「後祭《あとまつり》」は華《はな》やかな山鉾《やまほこ》もなくて、見《み》に行《い》ってもさびしいことから、「後《あと》の祭《まつ》り」は、手《て》おくれという意味《いみ》になったと言《い》われているよ。

でも実際《じっさい》は、「後祭《あとまつり》」にも、「前祭《さきまつり》」より数《かず》は少《すく》ないけど立派《りっぱ》な山鉾巡行《やまほこじゅんこう》が行《おこな》われるので、本当《ほんとう》の祇園祭《ぎおんまつり》の「後祭《あとまつり》」を見《み》て、後悔《こうかい》することはないんだよ。

また、「後《あと》の祭《まつ》り」は「祇園祭《ぎおんまつり》」の「後祭《あとまつり》」ではなく、普通《ふつう》のお祭《まつ》りが終《お》わった後《あと》、という意味《いみ》で生《う》まれたという説《せつ》もあるよ。

お祭《まつ》りが終《お》わった後《あと》、祭《まつ》りに使《つか》われた山車《だし》やお供《そな》え物《もの》などはもう役《やく》に立《た》たないし、翌日《よくじつ》に祭《まつ》りの見物《けんぶつ》に行《い》っても何《なに》もないから意味《いみ》がないね。ここから、もうどうしようもない、という意味《いみ》で「後《あと》の祭《まつ》り」という言葉《ことば》が生《う》まれたとも言《い》われているよ。

ほかに、ふつうのお祭《まつ》りとはちがう意味《いみ》での「祭《まつ》り」から来《き》た言葉《ことば》という説《せつ》もある。

よく、大騒《おおさわ》ぎすることを**「お祭《まつ》り騒《さわ》ぎ」**と言《い》うように、祭《まつ》りは、にぎやかでおめでたいもの、というイメージがあるよね。

でも、祭《まつ》りというのは、もともとは、先祖《せんぞ》の霊《れい》をまつる行事《ぎょうじ》、ということなんだ。「冠《かん》婚葬祭《こんそうさい》」という四字熟語《よじじゅくご》の「祭《さい》」も同《おな》じで、法事《ほうじ》やお盆《ぼん》の行事《ぎょうじ》を表《あらわ》すんだよ。

「後《あと》の祭《まつ》り」の「祭《まつ》り」とは、本人《ほんにん》が亡《な》くなった後《あと》の祭《まつ》りという意味《いみ》で、亡《な》くなった後《あと》にどんなに盛大《せいだい》に死《し》んだ人《ひと》をまつっても、もう手《て》おくれだ、ということから来《き》た言葉《ことば》とも言《い》われているんだ。

こんなふうに、いろいろな説《せつ》がある「後《あと》の祭《まつ》り」だけど、まちがえやすいものに、**「祭《まつ》りの後《あと》」**という言葉《ことば》がある。よく似《に》ているけど、全然《ぜんぜん》意味《いみ》がちがうので、注意《ちゅうい》しよう。

「祭《まつ》りの後《あと》」というのは、まさに「お祭《まつ》り騒《さわ》ぎ」をした後《あと》の、さびしい気持《きも》ちや静《しず》かな様《よう》子《す》を表《あらわ》す言葉《ことば》なんだ。

お祭《まつ》りじゃなくても、大騒《おおさわ》ぎして楽《たの》しく過《す》ごした後《あと》は、気《き》が抜《ぬ》けて、心《こころ》にぽっかり穴《あな》があいたような気持《きも》ちになるよね。また、にぎやかさから一転《いってん》して、とても静《しず》かになる。

そんなふうに、楽《たの》しくにぎやかに興奮《こうふん》して過《す》ごした後《あと》にやってくる、さびしさや静《しず》けさ、少《すこ》し気《き》が抜《ぬ》けてしまった様子《ようす》を、「祭《まつ》りの後《あと》」というんだよ。

「祭《まつ》りの後《あと》」も「後《あと》の祭《まつ》り」も、ちょっと切《せつ》なくなる言葉《ことば》だね。

後《あと》の祭《まつ》り
時機《じき》をのがし、今《いま》さらおそいこと。手《て》おくれ。

くわばらくわばら

かみなり様《さま》が落《お》ちない呪文《じゅもん》とは？

かみなりが鳴《な》っているとき、おばあちゃんやおじいちゃんが「**くわばらくわばら**」と言《い》っているのを聞《き》いたことがないかな？

これは、昔《むかし》から伝《つた》わる、かみなりを避《よ》ける、おまじないなんだ。こう唱《とな》えると、かみなりが自分《じぶん》のところに落《お》ちてこない、と言《い》われているんだよ。

漢字《かんじ》では、「桑原桑原《くわばらくわばら》」と書《か》く。この「桑原《くわばら》」は、実《じつ》は地名《ちめい》なんだ。

これには、菅原道真《すがわらのみちざね》という、えらい人《ひと》が関係《かんけい》しているんだよ。

菅原道真《すがわらのみちざね》は、今《いま》では天神様《てんじんさま》とも言《い》われ、学問《がくもん》の神様《かみさま》として知《し》られている人《ひと》だ。

平安時代《へいあんじだい》（七九四〜一一八五年《ねん》）にいた実在《じつざい》の人物《じんぶつ》で、学者《がくしゃ》で詩人《しじん》で政治家《せいじか》というマルチな人《ひと》だった。才能《さいのう》がある人物《じんぶつ》で、宇多天皇《うだてんのう》、醍醐天皇《だいごてんのう》に仕《つか》えて右大臣《うだいじん》になったんだ。

でも、人《ひと》からねたまれて、無実《むじつ》の罪《つみ》で、九州《きゅうしゅう》の大宰府《だざいふ》に左遷《させん》されてしまったんだ。左遷《させん》というのは、今《いま》までより地位《ちい》がとても低《ひく》くなることだよ。

菅原道真《すがわらのみちざね》は、そのまま大宰府《だざいふ》で亡《な》くなった。すると、道真《みちざね》の死後《しご》、道真《みちざね》をおとしいれた人《ひと》が次々《つぎつぎ》と亡《な》くなったり、朝廷《ちょうてい》（天皇《てんのう》が政治《せいじ》を行《おこな》う所《ところ》）の建物《たてもの》にかみなりが落《お》ちて死者《ししゃ》が出《で》たりと、京都《きょうと》ではいろいろな恐《おそ》ろしいことが起《お》こったんだ。

朝廷《ちょうてい》では、これは菅原道真《すがわらのみちざね》のたたりだと思《おも》い、死後《しご》の道真《みちざね》に地位《ちい》を与《あた》えて、道真《みちざね》の霊《れい》をなぐさめるために、神社《じんじゃ》を造《つく》ってまつった。この神社《じんじゃ》が、京都《きょうと》の北野天満宮《きたのてんまんぐう》だ。

それでも、この後《あと》も大《おお》きな天災《てんさい》が起《お》こると、道真《みちざね》のたたりだと言《い》われ続《つづ》けた。

特《とく》にかみなりは道真《みちざね》と結《むす》びつけられて、道真《みちざね》は、天神様《てんじんさま》（かみなりの神様《かみさま》）と呼《よ》ばれるようになった。そして、天神様《てんじんさま》の信仰《しんこう》は、全国《ぜんこく》に広《ひろ》まっていったんだよ。

そこで、「くわばらくわばら」にもどるけど、京都《きょうと》にかみなりが落《お》ちたとき、道真《みちざね》の家《いえ》があった桑原《くわばら》という場所《ばしょ》にだけ、かみなりが落《お》ちなかった。そこで、「桑原桑原《くわばらくわばら》」と言《い》えば、かみなりが落《お》ちないと言《い》われるようになったそうだよ。

また、もう一《ひと》つ、道真《みちざね》とは関係《かんけい》ない、「くわばらくわばら」の由来《ゆらい》がある。

こちらは、和泉国《いずみのくに》（今《いま》の大阪府南部《おおさかふなんぶ》）にある、桑原《くわばら》という場所《ばしょ》。

ここにある井戸《いど》に、かみなり様《さま》が落《お》ちた。井戸《いど》の中《なか》に落《お》ちる、ドジなかみなり様《さま》。

すると、そばにいた村人《むらびと》が、井戸《いど》のふたを閉《し》めてしまった。

井戸《いど》から出《で》られなくなったかみなり様《さま》は、とても困《こま》って村人《むらびと》に約束《やくそく》したんだ。

「もう二度《にど》とこの桑原《くわばら》の村《むら》には落《お》ちませんから、出《だ》してください」

それで、村人《むらびと》はかみなり様《さま》を井戸《いど》から出《だ》してあげたんだよ。

そこで、かみなりが鳴《な》ったときに「桑原桑原《くわばらくわばら》」と言《い》うと、そこにはかみなりが落《お》ちないとされるようになったんだ。

この、かみなり様《さま》が落《お》ちたという井戸《いど》は、和泉市桑原町《いずみしくわばらちょう》の西福寺《さいふくじ》というお寺《てら》に、今《いま》も「雷井戸《かみなりいど》」として、伝《つた》わっているんだよ。

おまじないと言《い》えば、ほかに有名《ゆうめい》なものに「**ちちんぷいぷい**」というのがある。

けがをしたときなど、「ちちんぷいぷい、痛《いた》いの痛《いた》いの飛《と》んでいけ〜」なんて言《い》うと、痛《いた》みがなくなると信《しん》じられている、昔《むかし》からある言葉《ことば》なんだよ。

かわいい言葉《ことば》だけど、この言葉《ことば》の由来《ゆらい》は、とても格式《かくしき》のあるものなんだ。

江戸時代《えどじだい》（一六〇三〜一八六七年《ねん》）の徳川第三代将軍《とくがわだいさんだいしょうぐん》、家光《いえみつ》の子《こ》ども時代《じだい》のこと。

家光《いえみつ》が泣《な》くと、乳母《うば》（母親《ははおや》の代《か》わりに子育《こそだ》てをする女性《じょせい》）の春日局《かすがのつぼね》という人《ひと》が、「智仁《ちじん》武勇御代《ぶゆうごよ》の御宝《おんたから》」と言《い》ってなだめたそうだ。

「智仁武勇《ちじんぶゆう》」はかしこくて勇《いさ》ましい人《ひと》、「御代《ごよ》の御宝《おんたから》」は徳川家《とくがわけ》の宝物《たからもの》、という意味《いみ》だ。

「あなたは強《つよ》くてかしこい宝物《たからもの》ですから、泣《な》かないでください」となだめたんだよ。

この「智仁武勇《ちじんぶゆう》」が、「ちちんぷいぷい」に変《か》わったものと伝《つた》えられているんだ。

くわばら　くわばら

かみなりをよけるおまじない。

効果《こうか》なし

くわばら くわばら……。
かみなり よけの おなじないか…。効《き》かないと思《おも》うよ。
ママのかみなりには、ね…。
ガミ
ガミ
ガミ

あまのじゃく

右《みぎ》と言《い》えば左《ひだり》と言《い》い、黒《くろ》と言《い》えば白《しろ》と言《い》う。

「今日《きょう》のごはんはカレーにしようか」と言《い》われると、「いやだ、ハンバーグがいい」と言《い》い、「じゃあ、ハンバーグにしようね」と言《い》われると、「やっぱりカレーがいい」と言《い》うような、わがままな人《ひと》、いないかな？

また、洋服《ようふく》を買《か》うとき「こっちが似合《にあ》うよ」と言《い》われたら、「ううん、こっちのほうがいい」と必《かなら》ずちがうものを選《えら》んだり、遊《あそ》ぶときにも、みんなが、「鬼《おに》ごっこしよう」と言《い》うと、「いやだ、かくれんぼがいい」と反対《はんたい》したりする人《ひと》、いないかな？

そんな人《ひと》が、**「あまのじゃく」**。人《ひと》の言《い》うことに対《たい》して、わざと反対《はんたい》する人《ひと》のことだ。すなおじゃなくて、ひねくれ者《もの》、という意味《いみ》もあるよ。

「まったく、あまのじゃくなんだから！」と、すなおじゃない人《ひと》を非難《ひなん》する言葉《ことば》としてよ

く使《つか》われるけど、どうして「あまのじゃく」って言《い》うんだろうね？

漢字《かんじ》では「天邪鬼《あまのじゃく》」と書《か》く。つまり、鬼《おに》のこと。妖怪《ようかい》のなかまだね。

お寺《てら》などで仏像《ぶつぞう》を見《み》たことがある人《ひと》は、仁王様《におうさま》や四天王《してんのう》といわれる神様《かみさま》が、小《ちい》さな鬼《おに》を踏《ふ》みつけていたのを覚《おぼ》えているかな？

この小鬼《こおに》が「天邪鬼《あまのじゃく》」。「邪鬼《じゃき》」とも言《い》われているもので、悪《わる》いことをしないように、神《かみ》様《さま》たちに踏《ふ》みつけられているんだよ。

また、もともとは、「天探女《あまのさぐめ》」という、『古事記《こじき》』などの神話《しんわ》に出《で》てくる女神《めがみ》の名前《なまえ》から変化《へんか》したものと言《い》われているんだ。天探女《あまのさぐめ》は、自分《じぶん》の主人《しゅじん》を破滅《はめつ》に導《みちび》いたと言《い》われる。人《ひと》の心《こころ》の中《なか》を探《さぐ》って、逆《さか》らうようないたずらをする、ひねくれ者《もの》の神様《かみさま》なんだ。

この「あまのじゃく」は、昔話《むかしばなし》にも出《で》てくるよ。

絵本《えほん》などで、『瓜子姫《うりこひめ》とあまのじゃく』というお話《はなし》を読《よ》んだことがある人《ひと》もいるかもしれないね。桃《もも》から生《う》まれた桃太郎《ももたろう》のように、瓜《うり》から生《う》まれた瓜子姫《うりこひめ》のお話《はなし》だ。

瓜《うり》から生《う》まれた瓜子姫《うりこひめ》は、おじいさんとおばあさんに大切《たいせつ》に育《そだ》てられ、機織《はたお》りが上手《じょうず》な美《うつく》しい女性《じょせい》に成長《せいちょう》した。

すると、瓜子姫《うりこひめ》はモテモテに。大勢《おおぜい》の人《ひと》からお嫁《よめ》にほしいと言《い》われ、ついにお殿様《とのさま》からも望《のぞ》まれて、お嫁《よめ》に行《い》くことになったんだ。

こんな瓜子姫《うりこひめ》をねたんだのが、あまのじゃくだ。

あるとき、おじいさんとおばあさんの留守中《るすちゅう》に、瓜子姫《うりこひめ》の家《いえ》を訪《たず》ねてきた。機織《はたお》りをしていた瓜子姫《うりこひめ》は、絶対《ぜったい》に戸《と》を開《あ》けてはいけないとおじいさんに言《い》われていたのに、口《くち》がうまいあまのじゃくの言葉《ことば》につられて、少《すこ》しずつ戸《と》を開《あ》けてしまう。家《いえ》に入《はい》って来《き》たあまのじゃくは、瓜子姫《うりこひめ》を連《つ》れ出《だ》して木《き》の上《うえ》にくくり付《つ》け、自分《じぶん》は瓜子《うりこ》姫《ひめ》の着物《きもの》を着《き》て、瓜子姫《うりこひめ》に化《ば》けてしまった。

おじいさんとおばあさんは、瓜子姫《うりこひめ》があまのじゃくだと気付《きづ》かずに、瓜子姫《うりこひめ》がお嫁《よめ》に行《い》く日《ひ》がやってきた。

すると、お嫁入《よめい》りの道中《どうちゅう》で、カラスたちが鳴《な》いた。

「カアカア、こいつはあまのじゃく、瓜子姫《うりこひめ》は山《やま》の中《なか》」

おどろいたおじいさんが山《やま》に行《い》くと、木《き》にしばられた瓜子姫《うりこひめ》が見《み》つかった。

あまのじゃくは、さんざんおしおきをされて、山《やま》に帰《かえ》っていったとさ。

というのが、絵本《えほん》などのお話《はなし》。

でも、各地《かくち》に伝《つた》わる民話《みんわ》では、あまのじゃくにつかまった瓜子姫《うりこひめ》が殺《ころ》されて顔《かお》の皮《かわ》をはがされたり、あまのじゃくも殺《ころ》されたりと、ざんこくなお話《はなし》も多《おお》いんだよ。

いずれにしても、あまのじゃくは、人《ひと》をだます悪《わる》い鬼《おに》として描《えが》かれている。

きみたちも、あまり人《ひと》の言《い》うことに反対《はんたい》ばかりしていると、鬼《おに》の「あまのじゃく」のようにきらわれてしまうから、人《ひと》の言《い》うことはすなおに聞《き》くようにしようね。

あまのじゃく
わざと人《ひと》にさからう言動《げんどう》をする人《ひと》。

ややこしい
サッカーやろうぜ。
いいね、賛成《さんせい》。
反対《はんたい》の反対《はんたい》!!
一人《ひとり》だけ反対《はんたい》してあまのじゃくだなっ!!
反対《はんたい》なんてしてないよ。反対《はんたい》の反対《はんたい》は賛成《さんせい》だもん。
ややこしい言《い》い方《かた》するな!

狐《きつね》の嫁《よめ》入《い》り

ふしぎな現象《げんしょう》や妖怪《ようかい》から生《う》まれた、あやしい言葉《ことば》

晴《は》れているのに雨《あめ》が降《ふ》ることってあるよね。これを「天気雨《てんきあめ》」と言《い》うんだけど、お年寄《としよ》りなどが、「狐《きつね》の嫁入《よめい》りだね」なんて言《い》うのを聞《き》いたことない？

「狐《きつね》」は動物《どうぶつ》のキツネのこと。「嫁入《よめい》り」は、結婚式《けっこんしき》のことだ。

でも、どうして天気雨《てんきあめ》が、**「狐《きつね》の嫁入《よめい》り」**なんだろう？

もともと、キツネは人《ひと》を化《ば》かすものと言《い》われていた。昔話《むかしばなし》でも、キツネが人間《にんげん》に化《ば》けたり、葉《は》っぱのお金《かね》で人《ひと》をだましたりする話《はなし》などが出《で》てくるんだ。

そんなキツネは、いろいろな妖怪《ようかい》にもなっている。アニメなどでもよく知《し》られている「九尾《きゅうび》の狐《きつね》」は、尾《お》が九《ここの》つあるキツネの妖怪《ようかい》だ。

「狐《きつね》の嫁入《よめい》り」も、妖怪《ようかい》のようなもの。ふしぎな現象《げんしょう》から生《う》まれた言葉《ことば》なんだ。

昔《むかし》、夕方《ゆうがた》から夜《よる》にかけて、山《やま》の中《なか》などに、火《ひ》の玉《たま》が現《あらわ》れることがあった。きみたちも、お墓《はか》などに出《で》る、ひとだまは知《し》っているよね？　よく、幽霊《ゆうれい》の絵《え》といっしょに描《えが》かれている火《ひ》の玉《たま》で、鬼火《おにび》とも言《い》われるものだ。

でも、こちらはひとだまとはちがって、たくさんの火《ひ》の玉《たま》が並《なら》んで現《あらわ》れるんだ。十個《じっこ》ぐらいから数百個《すうひゃっこ》も見《み》られることもあったというよ。そして、ついたり消《き》えたり、みんないっしょに移動《いどう》したりするんだ。

山《やま》と平野《へいや》の境目《さかいめ》あたりの川《かわ》のそばなどに現《あらわ》れることが多《おお》く、また、夏《なつ》や天気《てんき》の変《か》わり目《め》によく見《み》られたそうだよ。だから、今《いま》では、光《ひかり》の屈折《くっせつ》のせいだったのではないかと言《い》われたり、自然界《しぜんかい》に発生《はっせい》したプラズマという電気《でんき》のかたまりではないかとか言《い》われたりしているけど、はっきりした原因《げんいん》は、わかっていない。

これを昔《むかし》の人《ひと》は、キツネが尾《お》をすり合《あ》わせて起《お》こす光《ひかり》、キツネのよだれが反射《はんしゃ》したものなど、キツネが原因《げんいん》だと思《おも》っていたんだ。だから、この火《ひ》の玉《たま》は「狐火《きつねび》」と言《い》われるよ。

そして、この怪奇現象《かいきげんしょう》を昔《むかし》の人《ひと》は、「狐《きつね》の嫁入《よめい》り」とも呼《よ》んでいたんだ。

昔《むかし》の結婚式《けっこんしき》では、花嫁《はなよめ》さんが花婿《はなむこ》さんの家《いえ》まで、家族《かぞく》や親戚《しんせき》といっしょに行列《ぎょうれつ》をつくって歩《ある》いて行《い》ったんだ。このお嫁入《よめい》りの行列《ぎょうれつ》は夜《よる》になることが多《おお》かったので、花婿《はなむこ》さんの家《いえ》から提灯《ちょうちん》を持《も》ったお迎《むか》えがきて、提灯行列《ちょうちんぎょうれつ》となっていた。昔《むかし》は街灯《がいとう》がないからね。夜《よる》、火《ひ》の玉《たま》が並《なら》んで現《あらわ》れるようすがお嫁入《よめい》りの提灯行列《ちょうちんぎょうれつ》に似《に》ていることと、キツネが人《ひと》を化《ば》かすことなどから、この怪奇現象《かいきげんしょう》を「狐《きつね》の嫁入《よめい》り」と言《い》うようになったんだよ。

これが、天気雨《てんきあめ》につながるんだ。晴《は》れているのに雨《あめ》が降《ふ》るのも、昔《むかし》の人《ひと》にとっては、ふしぎな現象《げんしょう》だった。なんだか、キツネに化《ば》かされているみたいだ……。ということで、天気雨《てんきあめ》の日《ひ》はキツネの嫁入《よめい》りが行《おこな》われている、などと言《い》われるようになったんだ。実際《じっさい》に「狐《きつね》の嫁入《よめい》り」を見《み》た、という伝説《でんせつ》も日本各地《にほんかくち》に残《のこ》っているんだよ。

こんなふうに、ふしぎな現象《げんしょう》や妖怪《ようかい》にまつわる言葉《ことば》は、ほかにもいろいろあるよ。前《まえ》の項目《こうもく》で出《で》てきた「あまのじゃく」もその一《ひと》つだね。ほかにも見《み》てみよう。

●火《ひ》の車《くるま》

家計《かけい》がとても苦《くる》しいことを表《あらわ》すもの。お母《かあ》さんが、「今月《こんげつ》もわが家《や》は火《ひ》の車《くるま》だから、おこづかいは値上《ねあ》げできません！」なんて言《い》うときに使《つか》う言葉《ことば》だ。

この「火《ひ》の車《くるま》」は、「火車《かしゃ》」ともいう、炎《ほのお》に包《つつ》まれた車《くるま》のこと。車《くるま》といっても、今《いま》のような自動車《じどうしゃ》ではなくて、人力車《じんりきしゃ》のような形《かたち》の、牛《うし》などが引《ひ》く車《くるま》だよ。

これは、悪《わる》いことをした人《ひと》を地獄《じごく》の鬼《おに》がむかえに来《く》る車《くるま》で、火車《かしゃ》に乗《の》った人《ひと》は、地獄《じごく》へ連《つ》れて行《い》かれ、鬼《おに》に責《せ》められて苦《くる》しめられるんだ。

そんな、ひどく苦《くる》しい様子《ようす》から、お金《かね》がなくて苦《くる》しい状態《じょうたい》を、「火《ひ》の車《くるま》」と言《い》うようになったと言《い》われているよ。

お金《かね》がないのは、地獄《じごく》で責《せ》められるのと同《おな》じくらい苦《くる》しいこと、ということなのかな。

●置《お》いてけぼり

一人《ひとり》だけ置《お》いていかれることを、「置《お》いてけぼり」というよね。この言葉《ことば》も、ふしぎな現象《げんしょう》から来《き》ているものだ。

江戸《えど》の本所《ほんじょ》（今《いま》の東京都墨田区《とうきょうとすみだく》）というところに伝《つた》わる伝説《でんせつ》だよ。

本所《ほんじょ》に、魚《さかな》がよく釣《つ》れる堀《ほり》（水路《すいろ》）があった。そこで町人《ちょうにん》が魚《さかな》を釣《つ》って帰《かえ》ろうとすると、堀《ほり》の中《なか》から、「置《お》いてけ〜、置《お》いてけ〜」という声《こえ》がする。

びっくりして町人《ちょうにん》が家《いえ》に逃《に》げ帰《かえ》ると、釣《つ》ったはずの魚《さかな》が、すべて消《き》えていたというんだ。

ほかの場所《ばしょ》でも似《に》たような伝説《でんせつ》の堀《ほり》や池《いけ》はあって、魚《さかな》を返《かえ》すと無事《ぶじ》に逃《に》げられるけど、返《かえ》さなければ道《みち》に迷《まよ》ったり、返《かえ》すまで逃《に》げられなかったりしたそうだよ。

この場所《ばしょ》は「置《お》いてけ堀《ぼり》」と呼《よ》ばれて、置《お》き去《ざ》りにされる「置《お》いてけぼり」という言葉《ことば》のもとになったと言《い》われているよ。

ここまで見《み》てきたように、古《ふる》い出来事《できごと》や伝説《でんせつ》から生《う》まれ、あたりまえのように現代《げんだい》でも使《つか》われている言葉《ことば》はたくさんある。そんな言葉《ことば》を、これからも大切《たいせつ》にしていきたいね。

狐《きつね》の嫁《よめ》入《い》り
日《ひ》が照《て》っているのに、急《きゅう》に雨《あめ》がぱらつくこと。

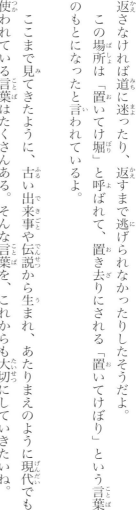

主な参考文献

『中国詩人選集 第四巻 陶淵明』注／一海知義（岩波書店　1958）
『新釈漢文大系58 蒙求 上』著／早川光三郎（明治書院　1973）
『全釈漢文大系 第二巻 孟子』
著／宇野精一　編／全釈漢文大系刊行会（集英社　1973）
『国史大辞典』編／国史大辞典編集委員会 （吉川弘文館　1979～1997）
『中国名言名句の辞典』編／尚学図書 （小学館　1989）
『列子 1』（東洋文庫533） 著／福永光司（平凡社　1991）
『日本大百科全書　改訂版』編／小学館 （小学館　1994）
『日本国語大辞典　第二版』編／小学館 （小学館　2000～2002）
『例解学習ことわざ辞典　第二版』編／小学館国語辞典編集部 （小学館　2002）
『名言・名詩・故事から生き方を学ぶ 中国古典の便利辞典』
監修／向嶋成美 （小学館　2007）
『西洋の故事成句おもしろ事典』著／三浦一郎（明治書院　2010）
『ガリヴァー旅行記（下）』
著／J・スウィフト　訳／坂井晴彦（福音館書店　2006）
『改訂・携帯版 日本妖怪大事典』編著／村上健司（KADOKAWA　2015）
『世界の故事名言ことわざ総解説　改訂第12版』著／江川卓 （自由国民社　2017）

故事成語《こじせいご》クイズ③の答《こた》え

137ページの答《こた》えは、❸の「天狗《てんぐ》になる」。

天狗《てんぐ》は、赤《あか》い顔《かお》で高《たか》い鼻《はな》の、山奥《やまおく》にすむ妖怪《ようかい》。

平安時代《へいあんじだい》には、天狗《てんぐ》のすむ世界《せかい》を「天狗道《てんぐどう》」といい、ごうまんでえらそうなお坊《ぼう》さんが死《し》ぬと、天狗道《てんぐどう》に落《お》ちて天狗《てんぐ》になると言《い》われていたんだ。

高《たか》い鼻《はな》はごうまんさの表《あらわ》れともされていたところから、えらそうな人《ひと》をこう呼《よ》ぶようになったんだよ。

五《ご》十《じゅう》音《おん》さくいん

この本《ほん》に出《で》てきた「故事成語《こじせいご》」と、それに関連《かんれん》する「ことわざ」「慣用句《かんようく》」などを、五十音順《ごじゅうおんじゅん》に並《なら》べたよ。

さ

た

Shogakukan Junior Bunko

★小学館ジュニア文庫★

ドラえもん 5分でドラ語り 故事成語ひみつ話

2018年 2月26日 初版第1刷発行

原作／藤子・F・不二雄
キャラクター監修／藤子プロ
監修／深谷圭助

発行人／立川義剛
編集人／吉田憲生
編集／楠元順子

発行所／株式会社　小学館
〒101-8001　東京都千代田区一ツ橋2－3－1
電話　編集　03-3230-5455
販売　03-5281-3555

印刷・製本／中央精版印刷株式会社

文／今村恵子（フォルスタッフ）
2コマまんが・故事成語博士イラスト／如月たくや
2コマまんが構成／松田辰彦
デザイン／沖田 環

Printed in Japan　　ISBN 978-4-09-231220-3

★「小学館ジュニア文庫」を読んでいるみなさんへ★

この本《ほん》の背《せ》にあるクローバーのマークに気《き》がつきましたか？

オレンジ、緑《みどり》、青《あお》、赤《あか》に彩《いろど》られた四《よ》つ葉《ば》のクローバー。これは、小学館《しょうがくかん》ジュニア文庫《ぶんこ》のマークです。そして、それぞれの葉《は》の色《いろ》には、私《わたし》たちがジュニア文庫《ぶんこ》を刊行《かんこう》していく上《うえ》で、みなさんに伝《つた》えていきたいこと、私《わたし》たちの大切《たいせつ》な思《おも》いがこめられています。

オレンジは愛《あい》。家族《かぞく》、友達《ともだち》、恋人《こいびと》。みなさんの大切《たいせつ》な人《ひと》たちを思《おも》う気持《きも》ち。まるでオレンジ色《いろ》の太陽《たいよう》の日差《ひざ》しのように心《こころ》を暖《あたた》かにする、人《ひと》を愛《あい》する気持《きも》ち。

緑《みどり》はやさしさ。困《こま》っている人《ひと》や立場《たちば》の弱《よわ》い人《ひと》、小《ちい》さな動物《どうぶつ》の命《いのち》に手《て》をさしのべるやさしさ。緑《みどり》の森《もり》は、多《おお》くの木々《きぎ》や花々《はなばな》、そこに生《い》きる動物《どうぶつ》をやさしく包《つつ》み込《こ》みます。

青《あお》は想像力《そうぞうりょく》。芸術《げいじゅつ》や新《あたら》しいものを生《う》み出《だ》していく力《ちから》。立場《たちば》や考《かんが》え方《かた》、国籍《こくせき》、自分《じぶん》とは違《ちが》う人《ひと》たちの気持《きも》ちを思《おも》い、協力《きょうりょく》しあうことも想像《そうぞう》の力《ちから》です。人間《にんげん》の想像力《そうぞうりょく》は無限《むげん》の広《ひろ》がりを持《も》っています。まるで、どこまでも続《つづ》く、澄《す》みきった青《あお》い空《そら》のようです。

赤《あか》は勇気《ゆうき》。強《つよ》いものに立《た》ち向《む》かい、間違《まちが》ったことをただす気持《きも》ち。くじけそうな自分《じぶん》の弱《よわ》い気持《きも》ちに立《た》ち向《む》かうことも大《おお》きな勇気《ゆうき》です。まさにそれは、赤《あか》い炎《ほのお》のように熱《あつ》く燃《も》え上《あ》がる心《こころ》。

四《よ》つ葉《ば》のクローバーは幸《しあわ》せの象徴《しょうちょう》です。愛《あい》、やさしさ、想像力《そうぞうりょく》、勇気《ゆうき》は、みなさんが未来《みらい》を切《き》りひらき、幸《しあわ》せで豊《ゆた》かな人生《じんせい》を送《おく》るためにすべて必要《ひつよう》なものです。

体《からだ》を成長《せいちょう》させていくために、栄養《えいよう》のある食《た》べ物《もの》が必要《ひつよう》なように、心《こころ》を育《そだ》てていくためには読書《どくしょ》がかかせません。みなさんの心《こころ》を豊《ゆた》かにしていく本《ほん》を一冊《さつ》でも多《おお》く出《だ》したい。それが私《わたし》たちジュニア文庫編集部《ぶんこへんしゅうぶ》の願《ねが》いです。

みなさんのこれからの人生《じんせい》には、困《こま》ったこと、悲《かな》しいこと、自分《じぶん》の思《おも》うようにいかないことも待《ま》ち受《う》けているかもしれません。どうか「本《ほん》」を大切《たいせつ》な友達《ともだち》にしてください。どんな時《とき》でも「本《ほん》」はあなたの味方《みかた》です。そして困難《こんなん》に打《う》ち勝《か》つヒントをたくさん与《あた》えてくれるでしょう。みなさんが「本《ほん》」を通《つう》じ素敵《すてき》な大人《おとな》になり、幸《しあわ》せで実《みの》り多《おお》い人生《じんせい》を歩《あゆ》むことを心《こころ》より願《ねが》っています。

小学館ジュニア文庫編集部